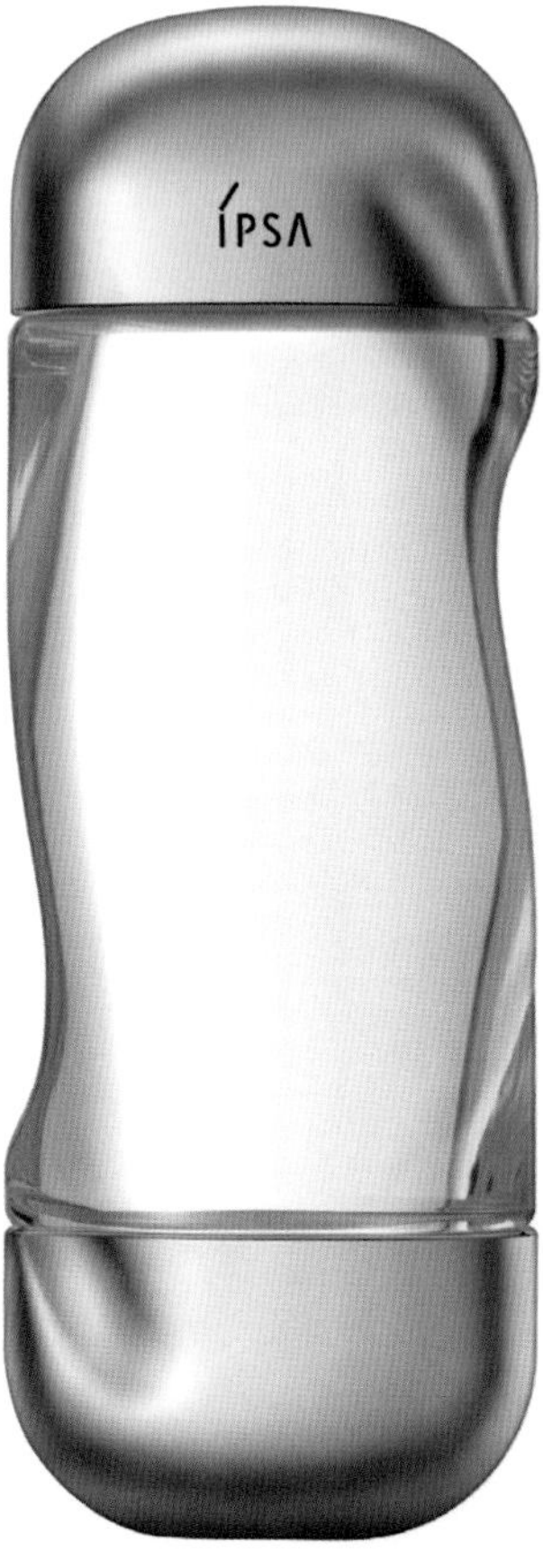
ÍPSA

IPSA
IPSA
IPSA

IPSA

IPSA

三越のお中元
2008
夏の贈り物
MITSUKOSHI

夏の贈り物
三越のお中元
2006
MITSUKOSHI

三越のお中元
2014 夏の贈り物
おかげ
サマ……
夏の日傘は「お陰さま」
あなたのおかげさまな人は誰でしょう
MITSUKOSHI

三越のお歳暮
2013
冬の贈り物
MITSUKOSHI

qiora
SYNCHRO SERUM
I
SHISEIDO

SHISEIDO MEN
HYDRATING LOTION
TONIQUE
HYDRATANT

SHISEIDO MEN

ÍPSA

デザインをつくる
イメージをつくる
ブランドをつくる

デザインをつくる
イメージをつくる
ブランドをつくる

工藤青石

宣伝会議

はじめに

23歳で資生堂にパッケージデザイナーとして入社し、仕事を始めました。27歳でパリに駐在してヨーロッパ全域のクリエイティブ担当となり、欧州内はもとよりアメリカやアジアなど年間10回ほどの海外出張をしながら、さまざまな経験をしました。31歳で帰国し、それでも4年ほどは1年の20%くらいは海外に出かけて仕事をしていました。40歳で会社を出て、デザイナー、ビジョナリーの平野敬子と共に自分たちの会社をつくり、新たな形で仕事を始めてはや20年が経ちます。あっという間の出来事なのですが、客観的には随分と長い間仕事をしてきたと言えるでしょう。

デザインということもイメージということもブランドということもまったくわからずに始めたこの仕事でしたが、さまざまな経験から諸々の大筋がわかるようになったところもあるように思います。そこで本書では私が主に化粧品の仕事を通して経験したことをもとにデザインやイメージやブランドということを軸に書き記していきます。

そしてそれらを「つくる」という能動的な立場から行うことについて考えていければと思います。「つくる」ということは、人が得た最大の能力の一つではないかと考えます。ですから生きていく上で「つくる」ということは誰にとっても魅力的なことであり、多くの人がそれを欲するのではないかと感じています。

「美しいものをつくりたい、それを多くの人に届けたい」

それが私がこの仕事を始める時に思ったことでした。そしてそのために必要なことが段階的にわかってきて、それを段階的にクリアしてきました。ベストかどうかはわかりませんが、最善を目指すということだけが自分にできることであると常に考えています。さまざまな形で「つくる」ことに興味を抱く方にとって、デザインの専門性をベースに「つくる」ことに向かうものの見方や実践から得られた教訓が何かしらの役に立つことになれば幸いです。

工藤青石

目次

1章

デザインをつくる

デザインとは

デザインという言葉がさまざまに使われ始めてから久しく経ちます。グラフィックデザイン、プロダクトデザイン、スペースデザイン、インテリアデザイン、ゲームデザイン、ウェブデザイン、CGデザイン、UXデザイン……。世の中は種々のデザインで溢れ、昨今ではどんな単語も後ろに〝デザイン〟の言葉をつければ、デザインの範疇として認められそうな感さえあります。それだけデザインが暮らしの中に浸透し、身近になったと考えることもできますが、一方でそうした現状が「デザインとは一体何なのか？」という根幹を、曖昧かつ複雑にしているような気がしてなりません。物事は、複雑化してわかりづらくなるほど、真理や本質から離れていきます。なぜなら本質的な事柄は常にシンプルだからです。

デザインとはどのようなことだろう？

仕事を始めた頃、そのことをあらためて考えていました。それは美術大学でデザイン科に在籍しながらいわゆるデザイン教育的なことにほとんど触れないまま、資生堂に入社。そこでデザインの仕事を始めることとなったためではないかと思います。当時の東京藝術大学デザイン科は、デザインの知識や技術は仕事を始めてから習得すればよいのであって、もっと基礎的な造形や色彩に関する感覚を磨くことが優先的なことである、という方針だったように思います。毎日絵を描くとか木を削るとか金属を溶接するとか、そんなことばかりを行っていましたし、私自身そのことに集中していました。またどのような素材や手法が自分に合うのか?どのような表現が自分の表現となり得るのか?そんなことばかりを考え、自分の手を使ってその都度の素材や技法に朝から晩まで対峙していた時間でした。

資生堂にパッケージデザイナーとして採用され入社した際は、もちろん資生堂は化粧品会社と知っていましたが、化粧品に特別に興味があったわけでもなく、パッケージデザインというカテゴリーに対してもそうでした。ただ美術に向かおうと考えた頃から立体的なものに興味を持っていたので、化粧品の容器という立体的なものを扱うこと、また白い色や透明な素材が生理的に好きであったことも、この仕事に向かうことを違和感なく受け入れられた理由として大きいかもしれないと思います。初めは与えられたテーマに対して自分の中にある考えをどのように添わせるか？というように発想していました。そうしないと自分がデザインをする意味がないと考えていたからです。ですが結果は何か狭い視点のデザインとなってしまい、多くの人には受け入れられませんでした。それを解消するために、求められる条件を満たすのはどのようなものかと考えるようになりました。それによってある程度受け入れられるものになっていきましたが、今度はこれは自分のデザインなのか？という疑問が自分の中に生じ始めました。

というように自分、デザイン、仕事ということがどのように成り立ち得るのかの葛藤が続きました。また当時の会社はパッケージ制作、広告制作、店舗制作と部署が分かれており、それぞれの範囲の仕事をリレー方式で行っていました。一つのテーマであってもそれをデザインする人が変われば捉え方や印象は大きく変化します。テーマが一貫していれば問題ないというのは机上の空論で、デザインをする、何かを形にするということは否応なくそれを行う人に依存してしまうため人が変わればすべてが変わるのが当然です。私は担当した商品のイメージが広告や店頭において、もともと商品にこめたものからどんどん変化していくことに対してとても悲観的でした。なぜならばそれを受け取る人が結果的に複雑なメッセージを受け取ることとなり、ひいては大元の商品自体のメッセージが伝わりづらくなると感じたからです。そのために初めはパッケージのデザインからスタートしましたが、ビジュアル、空間、店舗というように仕事の範囲を広げていきました。またそれに付随するプロデュースも行うようになっていきました。それらはすべて商品を最も明快にシンプルにそれを受け取る人に届けたいという思いによるものです。いつの間にか私にとってデザインをするということは、そのようなことも含まれるようになっていきました。

では、あらためてデザインとは何か？

「ものこと」を、結果として美しくすること。
それが「デザインする」ことだと私は定義づけたいと考えます。

どのようなものであってもより美しいことが望まれます。人は本能的にそれを望んでいます。しかし、人がものをつくる上でそれが美しくなることは容易ではありません。強く意識し、注意深くつくり上げる必要があります。

美とは、形ある物質だけに存在するとは限りません。例えばプロジェクトがうまく機能して集客や売り上げにつながったり、長く継続できたりすれば、それは美しい結果であり、デザインされたプロジェクトと言えます。逆に頓挫したプロジェクトは美しい結果を生んでいないので、たとえどんなに人の手が加わっていても結局はデザインしていないのと同じです。

「ものこと」に美を付帯させることがデザイナーの命題です。もちろんそこにはクライアントのニーズがあり、デザイナーはクライアントのニーズをもとに仕事を始めます。どんなニーズであれ、結果は美しいほうがいいに決まっています。仮に目新しいものをつくり、売れることがクライアントのニーズだからといって、それだけを考えてデザインしていては美しさには近づけません。デザイナーはまず、ニーズを叶えるために適正な方針を考え、そのテーマに沿って美しいものをつくる。それがクライアントのあらゆるニーズに対して最善の価値、最善の結果をもたらすという目標に、より近づくことができる一番の方法ではないかと私は思います。

本当のデザイン

世界的に高い評価を受けているデザイナー、倉俣史朗氏の代表作に、1988年に発表された『ミス・ブランチ』という作品があります。透明なアクリルの座面に赤いバラの造花が浮遊している椅子で、これはデザインか？アートか？という議論の俎上にしばしば載る作品です。モダンデザインにおける椅子とは、人間工学に基づいた快適な設計である必要がありますが、『ミス・ブランチ』はその定義にはあてはまりません。機能的というよりは、むしろ装飾的であり、よってデザインではなくアートなのではないか、というのが議論を呼ぶ理由でしょう。

倉俣氏にとってはそれがデザインであるか、アートであるかは、どちらでも良いことだったのかもしれません。しかし私は、『ミス・ブランチ』はデザインであり、それも最先端のデザインであると捉えています。その理由を語ることは、私がデザインの本質をどう考えているかを明らかにすることにもなるので、これから説明したいと思います。

デザイン界は20世紀の前半から、モダニズムの源流となったドイツの美術教育機関「バウハウス」の影響を大きく受け、モダンデザインは装飾性を排除したシンプルで機能的なものであり、バロックやロココの様式はデザインではなく、悪趣味なデコレーションに過ぎないという思想を受容してきました。私はこの教育が、デザインの本来的なテーマに対して誤解を生じさせている理由の一つではないかと思います。バウハウスの教育は一つの思想ではありますが、それがデザインのすべてではありません。バウハウスの機能主義的な思想は、あの時代の最先端であっても、100年後の現在の最先端ではないのです。私はバウハウスの思想を否定はしませんが、その思想に沿ったものだけがデザインであるという考え方は、脈々と続いてきたデザインというものの可能性を狭めていると言わざるを得ません。

例えば装飾的でも、白い石造りの壁に様式的なレリーフが施されたパリのアパートの内装を、私はとても素敵だと思います。逆にどんなにシンプルで機能的でも、ビニール素材にエンボス加工が施された壁紙の内装は、私には素敵とは思えません。前者は装飾的であってもデザインであり、後者はシンプルであってもデザインではない。見分け方は簡単です。美しいものはデザインされたものであり、美しくないものはデザインされていないものだからです。では、何を以て美しいとするのか？それは一人ひとりが判断すればいいのです。美しさに対する反応はそもそも生理的なものであり、熱いものを熱いと感じ、眩しいものを眩しいと感じるように、誰もが本来美しいものを美しいと感じるのです。自分が美しいと感じれば、それは美しいのです。

機能性や合理性を私は否定しません。正しい機能性や合理性は、常に美しさへと導くための検証や科学的アプローチとなるからです。しかしそれだけが美しさへの道ではないはずです。人間は、物理的に計り知れない複雑な感覚、感性によって物事を受け取ります。デザインが具体化するものが美しさであるならば、その感覚や感性にコネクトする方法は他にも存在するでしょう。

デザイナーは、まだ見たことのない何か、つまり未来をつくり出していくという宿命があります。『ミス・ブランチ』は機能主義とも古典的な装飾主義とも違う、誰も見たことがない椅子であり、それまでの技術では実現できない、1980年代の日本において初めて具体化が可能だった作品だと推察できます。最先端の技術を用いて生み出され、しかも美しいものとして存在している。これこそがデザインだと私は思います。すでにあるものを模倣したり、アレンジしたりして何かをつくる行為は、デザインではなく「スタイリング」です。世界はスタイリングされたもので覆い尽くされ、デザインされたものはほんのわずかに過ぎません。極言すれば、人工的に造り出されるものはほんの少しの「本当のデザイン」と、大多数の「デザインに見えるようにスタイリングされたもの」、さらには「まったくデザインと関係を持たないもの」、この三つのどれかです。

なぜ本当のデザインはごくわずかしか存在しないのか？それは、現代においてつくり出される物事の量は膨大であり、それらの多くは本当のデザインを必要としていないからです。短い開発時間やリーズナブルな予算などを優先し、それを叶えるスタイリングをむしろ求めているのです。本当のデザインは、人に本当の豊かさをもたらします。豊かさとは金銭に基づくものに限らず、精神的に得るものも多分にあります。１日の時間の長さは変えられませんが、時間の質は変えられます。本当のデザインに触れることで、時間の豊かさは確実に高めることができます。

では、スタイリングされたものが豊かさをまったくもたらさないかと言うと、決してそうではありません。なぜなら、スタイリングのもとになっているものは、本当のデザインだからです。スタイリングされたものは本当のデザインの劣化版ですが、大元に本当のデザインがある限り、それなりの豊かさは与えてくれます。要は、つくる側と受け取る側それぞれが、自分と物事との関係性において何を求めるか。それに尽きると思います。

オリジナリティのあるものをつくり出すことには大抵の場合、多くの時間とエネルギーを要します。そんなに難しいことをせずとも、多くのマスプロダクトがそうであるように、スタイリングされたそこそこの美しさで手を打とうという意識が、つくる側にも受け取る側にもあるのではないでしょうか。心からそれを望んでいるわけではないにもかかわらず、妥協点を見つけて自分を納得させ、満足しようとしている。あるいは社会がそういう傾向を馴致している。そんなスッキリしない曖昧な空気を、私は特に日本やアジアで強く感じます。

美しくないより美しいほうがいい。だから自分は美しいものに触れていたい。人に豊かさをもたらす構図は、本来そういうシンプルなものです。美を享受することは、人生をどれだけ幸せに生きるかということにつながっています。イタリア人がハッピーに生きているように見えるのも、美に対する意識の強さと密接に関係しているように思います。日本人も昔は美にもっと価値を置いていました。城下町などに現存する古い家屋があれだけ美しいのは、当時の大工が非常に高い意識を持っていたことの証左です。そこで暮らす人々は、たとえ貧しくとも気持ち良く、幸せに生活していたのではないでしょうか。お金の有無は関係ありません。美を享受するということは、所有する、しないの話ではないので、経済的な問題にすり替えるのはナンセンスです。自分の中に美を求める揺るぎない価値観があれば、人は誰でも豊かに、スッキリと生きることができます。

デザインは200%

デザインの仕事の範疇は、大きく分けて二つあります。一つは物事を「考察」すること。もう一つは「表現」することです。

デザインをするためには、その目的に向かうプロセスにはどんなことが考えられるのか、目的を達成するためには何をしたらいいのか、目的に対して障害となり得るものにはどんなことがあるのか、そうしたさまざまなことを考え、検討する必要があります。コンセプト立案やマーケティング、ディレクションなどもこの範疇に入ります。どの方向に、どういうものをつくっていけばいいかというベクトルを見つけられるかどうかは、この考察の精度にかかっています。ベクトルは自分を中心に360度、四方八方に延びていて、どのベクトルに向かって行けば答えがあるのか、じっくり考察しなければわかりません。どのベクトルも矛先は美しさにつながっていますが、美しさの種類は多様にあるので、その案件においてはどういう美しさが正解なのかを探り当てるのです。いろいろなことを考察していくと、矛先がいくつものレイヤーになって積み重なり、進むべきベクトルは、それが段々狭まって絞り込まれていくようなイメージです。

その次の工程にあるのが、表現です。デザインには考えたことを具体的にしていく作業が必要です。プロダクトなら素材や色、形などを決め、どうつくり上げていくか。プロダクトより抽象度の高いプロジェクトデザインであっても、どんな人材を、どう構成し、どんな組織をつくっていくのかという設計図が必要であり、それによってプロジェクトが表されると考えれば、設計図も表現と言えます。

では考察と表現は、それぞれどこまで行えばいいのか？全体の半分ずつだから各50％でいいかと言うと、そうではありません。デザイナーは自分がつくったものに対して責任を負います。その責任を全うするには、やはり100％の考察、100％の表現をするべきで、デザインは200％でなければならないと私は思います。100％とは、これ以上はできないところまで行うという意味ですが、それを1人でやらなければいけないわけではありません。漫画家と原作者がそれぞれの技能を生かして一つの作品をつくり上げるように、信頼できる人と組んで一緒に行ってもいいのです。

ただしここで重要なのは、考察と表現を分断したパーツで捉えてはいけないということです。しかしデザインが考察と表現から成り立っている以上、目指すターゲットに響かせるには、どういう商品をつくればよいのかを考えるのも、本来はデザイナーの範疇であるはずです。誰かとチームを組んで行うのであれば、全体を統括するクリエイティブディレクターがその役割を担います。考察は表現するために必要なプロセスなので、実際に表現をしない人だけが行っても絶対にいい結果にはなりません。デザイナーは、クライアントからこういう商品デザインをつくってほしいと企画書を渡されても、それを鵜呑みにするのではなく、自分の課題として考察しなくてはなりません。なぜ今この商品をつくりたいのか？それをどう展開したいのか？受け取る人はどんな人なのか？商品を取り巻く時代はどんな雰囲気なのか？そもそもこの商品は必要なのか？などなど。未来を予測しない人がつくった企画は、具体化することはできても、そこに新しいものは生まれません。つまり本当のデザインにはならないのです。

そういった意味で「デザインをつくる」は「デザインを創る」と表現されるべきものだと考えます。

2章

イメージをつくる

イメージは三つのレイヤーで形成される

イメージという言葉を私たちは日常で何気なく使います。「このイメージがいい」「これはイメージが悪い」などとよく言いますが、ではイメージとは何でしょう？

動詞にも名詞にも使われる言葉ですが、動詞の「イメージする」は、想像する、思い描くと同義で使われているように思います。私がここで考察したいのは、名詞としてのイメージです。同じ名詞でも、鉛筆や椅子のように具体的な物質であれば、誰でも意識を共有できます。しかしイメージは物質ではないので実体がありません。それにもかかわらず、「イメージがいい」という言葉でコンセンサスが取れてしまう。何を以て共有しているのかわからない、極めて抽象度の高い言葉でありながら意思疎通が成立する、不思議な言葉だと思います。

イメージは、単純な色や形では断定できない、複合的な要素で構成されています。絶対的ではなくケースバイケースで変わり、その構成要素は常に千差万別です。絶対的でないということは、時や場所、タイミングによって評価が変化するということです。同じ一つの物事に対するイメージでも、ＴＰＯによってポジティブに捉えられたり、ネガティブに捉えられたりすることが起こり得ます。そのように捉えどころがない存在である一方で、物事の評価において大きな意味を持っているのも事実です。

これが性能や価格であれば数値化され、容易に比較評価することができます。しかしイメージを数値化することはできません。アンケートによるイメージ調査は集計された結果を数値化していますが、イメージ調査でわかるのは認知度や好感度です。好感度とは文字通り好ましいと思う度合いです。つまりイメージ調査でわかるのは、回答者の好みということになります。好きな人が多い＝イメージがいいという評価は、本当にイメージを調査していることになるのでしょうか？私は、好みとイメージは違うと思います。

人に対するイメージを例に考えてみましょう。心象と言ってもいいかもしれませんが、1人の人物に対して抱くイメージは、自分と相手との関係性によっても変化します。それは、相手に対して持つイメージの〝深度〟が関係性により異なるからです。どういうことかというと、見ず知らずの人が道の向こうから歩いて来たとします。その時私たちは、すれ違うまでのわずかな時間でも、まったく知らない人だからといって何も感じないということはなく、強そうな人だとか、エレガントな人だとか、相手に対して何かしらのイメージを持ちます。そのイメージを形づくっているものは、服装や髪型、顔つき、体格、身だしなみなど、平たく言えば見た目の印象です。これをイメージの深度1とします。

次は、初めて会った人と10分ほど話をした場合です。社交辞令のような会話でも、相手の見た目に声や話し方、表情などの情報が加わり、イメージが少し深まります。名前も、極端な例を挙げればサトウさんとスミスさんでは受ける印象が変わるように、イメージを形成する要素の一つです。これが深度2です。

では、初対面でももっと長い時間会話をする関係性ではどうでしょう。研修などで誰かと同じグループになったら、相手のことを知ろうとして、所属している部署や仕事の内容、出身地、経歴などを聞くのではないでしょうか。生まれも育ちも東京という人もいれば、海外で生活していた人、たまたま自分と同じ地元の出身という人もいるかもしれません。

さらに好きなスポーツや趣味など、相手に関する情報量が増えれば増えるほどイメージの精度は上がっていきます。これが深度3です。

この三つのレイヤーを端的な言葉で表現すると、一つ目のレイヤーはビジュアル。視覚的な要素だけを認識して形成されたイメージです。二つ目のレイヤーはインタラクション。声や喋り方、表情などから受け取る印象は、相手と関わって初めて生じる感覚的な作用と言えます。三つ目のレイヤーはインフォメーション。視覚的な情報や感覚的な情報で形成されたイメージに、年齢や属性などその人に関する具体的な情報が付加されることで、イメージはどんどん変化し、更新されていきます。

私たちは、変化する時間の不安定さの中でしか何かを認識することはできません。イメージがどんどん積み重なり、その人に対する心象として捉えたとしても、それは一瞬たりともとどまらず、時間の経過の中で変化していきます。常に変化しているということは、実体がないということです。流動的な存在でしかあり得ないのであれば、その人の存在を理解するためには、本質云々ではなく、三つの情報のレイヤーでしか捉えられないのではないでしょうか。つまり、複数のレイヤーのイメージが積み重なることによって、その人物のイメージが出来上がっていると言えるのではないかと思います。実体とは真逆の掴みどころがない概念ですが、私たちはその人物の本質よりも、むしろイメージのほうが大事だと本能的に感じているのではないでしょうか。だからこそ相手に対して抱いたイメージによって、自分が下した判断や評価を信じているのだと思います。

ブランドのイメージも、この三つのレイヤーによって構成されています。少なくとも一流と呼ばれるブランドは、明らかにレイヤーで考えられ、実行されています。その整理がないままつくられたものは、表層的には面白そうに見えても、ブランドとして成長していくだけの基盤がないので、売れたところで一過性のブームで終わってしまうでしょう。デザインは一つひとつ完結しますが、ブランドは完結せずに続いていきます。ブランドは一つのイメージで成り立つものではなく、デザインが発するイメージがいくつも積み重なって構築されていくのです。

ブランドのイメージをつくる時は、1のレイヤー（ビジュアル）から順序を踏んで構築していくと効率的です。もしも初対面の人があなたに対し、あいさつも名乗ることもせず、いきなり自分の趣味の話を始めたら、おそらくあなたは驚き戸惑うでしょう。情報は、順番を無視して先立って与えてもうまく伝わりません。きちんと伝えるには、順を追って段階的に関係性を深め、その深度に見合った情報を発信する必要があります。ブランドのイメージも同様で、相手との関係性の深度により、視覚的、感覚的、知覚的に情報を積み上げて形づくらないと成立しません。

これが例えば広告であれば、1のレイヤーだけで成立します。広告は瞬間的なコミュニケーションなので、大事なのはビジュアルであり、そこでどれだけ興味関心を引けるかがすべてと言っても過言ではありません。しかし実際には、あれもこれも知ってほしいという広告主の気持ちの表れなのか、2や3のレイヤーの情報も混ぜてつくられている広告をよく見かけます。これは逆効果で、伝えたいことがうまく伝わらず、非効率以外の何物でもありません。そもそもビジュアルで興味を引かれなかった人は、それ以上何ら知りたいと思っていないので、細かい情報には見向きもしません。その点、階層構造を意識してつくられているホームページ、ウェブサイトでは、入り口にはアテンションの位置づけとして広告があり、そのリンク先に次の段階のインタラクションやインフォメーションがあるので、情報が整理されていると言えるでしょう。

三つのレイヤーのうち、ビジュアライズは最もわかりやすく単純なところですが、どういうイメージで捉えるかは受け手により個人差があるので、それを共有するのは難しいです。一つのビジュアルを10人が見たら10人全員と共有できるイメージもあれば、10人中1人にしかわからないイメージもあります。イメージのありようは目的によりさまざまなので、10人のうちの1人に伝えたいのか、10人全員に届けたいのか、ビジュアルをつくる時はまずそれを見極める必要があります。そして、どういう言葉だったらこちらが伝えようとしていることを10人が共有できるのか、個人差を超えられる共通項を探すのです。

機能的なロジックで無比の存在感を伝える

ブランドのロゴマークやカラーコードを設定することは、イメージをつくる上でとても大切です。しかし、ロゴマークやカラーコードをつくること＝ブランドをつくることではありません。ブランディングの概念からは、ややもするとロゴやブランドカラーを策定したり、あるいはショップやユニフォームなどをつくったりすることがブランドをつくることだと捉えられがちですが、それらはイメージの一部をつくっているに過ぎません。またそれらのものが、その企業やブランドに最適とは限りません。では最適が何かを解析するにはどうすればいいのでしょうか。

会社や商品があるということは、すでにそこにイメージがあるということです。しかしなにがしかのイメージはあるものの、そのイメージが曖昧だったり、分散していたりして、うまく形成されていないことがよくあります。なぜそういう現象が起こるのかというと、可能性として考えられるのは三つのレイヤーの〝捉え方〟に問題があるということです。

一つ目のレイヤーでビジュアルをつくるには、同じレイヤーの情報だけを考えていてもダメなのです。最適に近づくには、その先の二つ目や三つ目のレイヤーの情報を読み解き、それをもとに1のレイヤーはどういうビジュアルがいいのか、遡って考えてつくる必要があります。なぜかと言うと、その企業やブランドのより深いところにあるものを、最初に見せてインパクトを与えるためです。先ほど話したように、初めに興味関心を持ってもらえなければ、その先どんな情報を発信しても相手には届きません。深度が一番浅いレイヤーだけでつくられたビジュアルでは、人を引きつける深い魅力を発することは難しいでしょう。

イメージを形づくる要素は、明確な数字で表されるようなものではなく、それぞれ抽象度を持っています。円を用いて要素ごとの関係性や範囲を可視化したベン図を想像してみてください。イメージを形づくっているいくつもの要素を一つひとつ円に見立て、その中で最も重なり合う部分があれば、それがその企業やブランドの中核的な性質ということです。その中核的な性質を基本とし、それ以外の要素を広がりと認識して可視化すると、本質を押さえた深みのあるビジュアルをつくることができると考えます。

デザインのプロセスは、どのような成果を、何によってどう構築するかを、客観的な視点に立って計画することであり、その計画に則って感性に訴える造形的な定着を行うことがデザインするということです。それは物理的な意味を超えた機能主義だと私は思います。

デザインには機能主義的な側面があります。機能という言葉は物理的なものを想起させますが、実際には物理的なものに限りません。イメージを構築することにおいても言えることです。「このスイッチをどうやったら一番使いやすくできるか?」を考えることは、「このイメージをどうすれば一番伝わりやすくできるか?」を考えることと思考の仕方は同じで、これも機能主義と言えます。

機能主義的な思考が十分になされないまま、成り行きでつくられたようなイメージも世の中には沢山あります。イメージの伝達というのは抽象的なので、感覚的なものとして捉えられやすく、機能的なロジックの必要性を感じない人が多いのかもしれません。しかし先ほど述べたように、一つのことを10人に伝えるにはどうすればいいかを考えることが大事なのであり、一つのビジュアルをつくったけれども、何人に伝わるかわからないし、伝わらないかもしれない、ではダメなのです。完全な伝達を実現できるか否かはともかく、少なくとも目的が人に伝えることであれば、10人に伝わることを目指してつくるべきだと思います。

イメージは、どんなデザインでも積み重ねれば必ずできるというものではありません。1枚の絵があれば、見た人は何かしらのイメージを受け取ります。それが凡庸な絵であれば凡庸なイメージとして伝わり、ユニークな絵であればユニークなイメージとして伝わります。凡庸なものはブランドになり得ないので、ブランドは独自性のある、他に見たことがないものということになります。そのユニークで無比な存在を伝え、それと認識してもらうには、既視感のない創造的なビジュアルが必要であり、それは創造的なデザインによってのみ可能なのです。

イメージを創造する人、セルジュ・ルタンス

資生堂時代にパリに赴任していた頃、セルジュ・ルタンス氏というクリエイターと一緒

に仕事をしていました。彼は、写真家、映像作家、メイクアップアーティスト、調香師などいくつもの顔を持ち、幅広い分野で才能を発揮した人物です。1980年から約20年間にわたり、資生堂のグローバルイメージの創造と展開に寄与していました。彼は革新的なビジュアルを生み出すクリエイターでしたが、単なるビジュアリストではなく、グローバルな視点を持ったマーケターでもありました。そして、一貫して自らをイメージクリエイターと称していました。当時、アートディレクターやクリエイティブディレクターの肩書はあっても、イメージクリエイターという言葉は他には存在しなかったと思います。私の知る限りでは、ルタンス氏以外でその言葉を使っている人はいませんでした。

彼自身の言葉で聞いたわけではありませんが、おそらく彼は、自分のつくりたいものがビジュアルではなくイメージであると自覚していたのだと思います。彼が想像しているものが世界観として構築される時には、絵として表出するものもあれば、言葉として表出する部分もあります。さらに言うなら彼の生き方として表出するものもあります。レイヤーで言えば三つ目です。二つ目のレイヤーは彼の表情や話し方、一つ目のレイヤーは写真やメイクアップ作品。そのレイヤーのすべてを彼は自分の中で司り、唯一無二のイメージとして提示していました。通常、写真はフォトグラファー、言葉はコピーライター、デザインはデザイナーというように、役割はもっと専門分化されるものです。しかし彼の中にはそれらがすべてであり、全部を包括したアウトプットにより、世の中にセルジュ・ルタンスという人物のイメージができていったのです。

ちなみに私にとって彼は、今まで会ったことのない種類の人でした。人は誰かに会うと、意識するしないにかかわらず、大抵何かしらの属性を認識して自分の中でカテゴライズします。しかしルタンス氏は何の属性もなく、セルジュ・ルタンスとしか言いようがない、彼というキャラクター以外の何者でもない、そんなイメージの人でした。

今振り返ると、私がこのようにイメージの役割や重要度を認識するようになったのには、彼の存在が少なからず影響していると思います。彼はイメージクリエイターと名乗っていましたが、アーティストと呼ばれる人たちにも共通するところがあるような気がします。アーティストが絵を描いたとして、絵は確かに作品ですが、画面にはその人の思想や生き方も表出されているはずです。アーティストにもいろいろな人がいますが、創作活動を生業としているような人であれば、作品とその人自身は不可分であり、切り離すことができないからです。絵を描く行為も、私は一つのイメージの創造だと思います。

ブランドも新たなイメージを創造していくことがブランドたり得る唯一の可能性であり、どんなに優秀な技術や人材があっても、イメージがなければブランドにはなりません。そして末永く続くブランドに育てていくには、ただ漠然とイメージがあるというだけでは不十分で、きちんと順番にレイヤーでイメージを積み重ねていくことによって、そのイメージを明確にしていく必要があるのです。

本当のデザインはイメージをつくる

イメージがブランドをつくるのであれば、そのイメージをつくっているものは何かというと、デザインに他なりません。本当のデザインはイメージをつくり、そのイメージがブランドをつくるのです。ブランドは、発信されたイメージに対して受け手である人たちがどう認識するかで決まります。ブランドを形づくる要素は、企業や店の思想、製品やサービスの価値、継続性などであり、その結果でしか本来ブランドと呼ばれるものは生まれません。

フランスの生活美学を世界に広めることを目的に、1954年に設立された「コルベール委員会」という団体がフランスにあります。ゲラン、シャネル、エルメス、バカラ、ホテル・リッツ、オペラ座、ジョエル・ロブションなど、衣食住に関わるさまざまなジャンルのラグジュアリーブランドが加盟し、美しい暮らしの伝道やアーティストの育成のため国際的な活動を行っています。コルベール委員会が唱えるブランドの定義は次の通りです。

1　歴史や物語があること
2　研究や技術の蓄積があること
3　高品質で、それにふさわしい価格設定であること
4　人から人へ手渡しされるものであること
5　ブランドのポジショニングを高めるために、マーケティングが厳しい自己規制を行っていること

6　創業者、経営者の人間性が見えること
7　伝統を大切にしながら、絶えざる革新を行うバイタリティがあること
8　世界的であること

ここに挙げられている要素を集約して顧客に伝えるものがイメージです。一流のブランドには曖昧さがありません。そして、美に対して妥協がありません。本当のデザインを続けていくと、やがてブレのない確たるイメージが形成され、そのイメージによって顧客はブランドに独自の価値を見出します。この条文はヨーロッパにおける定義ですが、ブランドの成り立ちを明快に示しているので、新たにブランドをつくりたいと思った時は、一つの目標となるでしょう。

この定義に則して言うなら、世の中に氾濫しているブランドと言われているものの大多数は、実際にはブランドと呼ぶに足りないということになります。ブランドは一朝一夕につくれるものではありません。目指すのであれば、確たる経営思想のもとに、本当のものづくり、本当のデザインを積み重ねていく以外にないのです。

3章

言葉をつくる

デザインとしての言葉

クリエイティブの仕事は、通常、分業で行います。それは、それぞれの領域でも高度な専門性が必要とされるからです。クリエイティブディレクターやアートディレクター、デザイナー、フォトグラファー、コピーライターなど、案件の目的に応じて各分野の専門家が集結し、チームで成果物をつくり上げるケースが一般的です。私の専門はディレクションとデザインですが、いつの頃からか、言葉とデザインを切り離すことは難しいと考えるようになりました。デザインの思考活動の中に言葉と直結している領域があり、その範囲においてデザインについて考える時、必然的に言葉が付随するのです。平たく言えば、自分の中に「デザインを言葉でつくる」プロセスがあるということです。

もちろん私は文章を書く専門家ではないので、私がつくる文章やフレーズは、コピーライターのそれとは異なるレイヤーの言葉です。キャッチコピーともコンセプトワードともキーワードとも違う、デザイン要素の一つとしての言葉であり、デザインを形づくる色や形と同じマテリアルの一つとして並列していると言ってよいでしょう。テーマに対し、最適な色や形は何かを考えるのと同じように、最適な言葉は何かを考える。それは、ビジュアライズされる前段階の、表現として表出するための言葉です。その言葉は私の中でイメージの一角を担い、イメージを具現化して表現へと導く重要な役割を果たしています。

では、いくつか事例を挙げて説明しましょう。

〝なくしづらいブランド名〟をつくる――「SHISEIDO MEN」

資生堂の男性向けスキンケアブランド「SHISEIDO MEN（シセイドウ・メン）」は、2003年の発売以来、世界各国で販売されているグローバルSHISEIDOブランドの一つです。一般的に商品ラインのブランド名は、「ウーノ」「エリクシール」「マキアージュ」のように、SHISEIDOとは異なる名称をつけるのが通例です。SHISEIDOは資生堂の商品を総括するブランド名であり、商品ラインのネーミングはその一つ下のレイヤーに位置づけられるためです。つまり、SHISEIDOの名をそのまま冠した「シセイドウ・メン」は、商品ラインのブランド名としては特殊な成り立ちと言えます。

では、なぜこの名前になったのか？その説明をする前に、まずプロジェクトの背景について簡単に触れておきたいと思います。

「シセイドウ・メン」のプロジェクトは、当時の社長・池田守男氏からのトップダウンでスタートしました。その頃の資生堂は、「ウーノ」など若い男性向けのカジュアルなブランドはありましたが、高級なメンズラインはありませんでした。池田社長は拡大しつつあった男性用化粧品のグローバル市場を見据え、その中でプレステージブランドのポジションを狙える商品を早急に開発する必要があると考えたのです。

本来、資生堂の商品開発プロジェクトは年間計画に基づいて行われ、研究所の開発もその計画に紐づいているため、突発的にプロジェクトが発足することはまずありません。その点、このプロジェクトは異例であり、チーム編成や進行もイレギュラーでした。プロジェクトメンバーは、全体を統括するリーダーと、商品開発担当が2人、デザイナーが私を含め2人、ＰＲ担当が1人で、わずか6人。進行も通常であれば、初めに企画開発セクションがコンセプトを練り上げ、ブランド名を熟考し、デザインセクションはその提案を受けてどうビジュアライズするかを考えます。しかしこの時は短期間で開発しなければならないという事情から、企画開発とデザインが並行して進められました。そのためデザイナーは、普段はほとんど関与しないネーミングも企画開発と連携して一緒に行うことになったのです。

まずブランド名にはどういう役割があるのかを考えることから始めました。ブランドは、毎年新しいものがどんどん世の中に出ている一方で、なくなってしまうものも沢山あります。むしろなくなる確率のほうが圧倒的に高く、何十年と続いているブランドはごく一握りに過ぎません。しかしどんな商品も、発売に至るまでには途轍もなく沢山の人たちが関わり、膨大な時間と労力を注いで生み出されています。できる限り息の長いブランドに育てたいと思うのは、商品に関わった者の立場からすれば当然のことです。では、なくならないようにするにはどういうブランド名にすればいいのか？これを一つ目の要件に設定しました。

商品やブランドがなくなるのは、必ずしも売り上げ不振だけが理由ではありません。いろいろ事情はあるにせよ、要はその企業に続けたいという意志があるか、ないかだと思うのです。それであれば、その企業が簡単にやめられないような名前にすればいいのです。この〝廃止しづらいブランド名〟という視点は、マーケティングやリサーチで収集した情報を踏まえてコンセプトやネーミングを考える商品開発セクションには、おそらくないものだったと思います。

そしてもう一つ、私が要件に設定したのは、グローバルに展開するブランドとしてどのような名前がいいのか。資生堂の商品は、日本の市場向けとグローバル市場向けとで分かれているので、海外で販売される資生堂のメンズブランドにふさわしい名前であることも重要でした。資生堂のメンズコスメブランドは、1960年代に発売された「MG5」をはじめ「アウスレーゼ」「ウーノ」などいくつかあります。いずれも現在まで存続しているロングセラーではありますが、世代の壁を超えることは難しく、ブランドの弱体化は否めません。その課題にチャレンジすべく、グローバル市場で長く生き残り、しかも時代を経てもブランド力が弱まらないようにするにはどのような名前がいいのか考えました。

資生堂という企業のイメージは、女性と男性のどちらかと言えば、間違いなく女性です。つまり、資生堂＝女性という揺るぎないロジックがあり、男性はその対極の存在です。それならば、資生堂を象徴する女性に男性を対峙させ、オポジット（対極）な関係に位置づければメンズブランドとして成立するのではないか？グローバル展開することを考えても、ゼロから構築するよりは、すでに認知されている資生堂というブランドや、資生堂＝女性というイメージとの関係性において男性ものが存在するほうが、コミュニケーション効率は格段にいいはずです。

グローバルSHISEIDOの商品は、ほぼすべて女性用で、どのラインもブランド名はSHISEIDOで統一されています。これはその男性版なので「SHISEIDO MEN」。menやhommeをつけるのは、ファッションではよくあるネーミングです。非常にシンプルですが、SHISEIDOの名を堂々と背負わせることにより、会社にとって廃止させづらい存在に仕立てることができ、消費者に対しても資生堂を代表するメンズラインとして訴求する効果があると考えたのです。通常はコンセプトに則りネーミングや容器のデザインを考えるケースが多いのですが、この時は「シセイドウ・メン」の言葉が発するものに導かれ、

SHISEIDO MEN

容器のデザインを探り当てていきました。

言葉へのこうしたアプローチは、私にとってはネーミングではなく、デザインの一つです。なぜなら、自分なりのロジックに基づいているからです。色や形を伴うものは世の中にいくらでも存在しますが、それらがすべてデザインかといえば、そうではありません。では何を以てデザインと捉えるかというと、私はそこにロジックがあるか否かが一つの要素だと思っています。デザインとはロジカルに構築されるものであり、思考を一つひとつ積み重ねて最適な言葉を導き出す行為は、まさにデザインのプロセスと同じです。

幸いにして「シセイドウ・メン」は発売から20年間、アップデートしながら時代の主流の中で生き残ってきました。この先も同じようなポジションで存在していてくれたなら、私の意図したことはひとまず成功したと言えるのかもしれません。

世界中で共有できる文字記号をつくる——「OPAM」

次に紹介するのは、大分県立美術館の愛称である「OPAM（オーパム）」のワーディング事例です。

「訪れる人が五感で楽しむことができ、出会いによる新たな発見と刺激のある美術館」をコンセプトに掲げる大分県立美術館は、長年にわたり美術館の機能を担っていた大分県立芸術会館の老朽化を受け、それに代わる施設として2015年に開館しました。建築設計は坂茂氏による、モダンで斬新なデザインの建物です。この建設プロジェクトで、ロゴやサイン計画など館内外のビジュアルコミュニケーションを私たちCDLが担当しました。

仕事の依頼をいただいた時、何の予備知識も持っていなかった私は、「大分県立美術館」と聞いて、とっさに古びたお堅い美術館をイメージしました。根拠は何もありません。ただ「大分県立美術館」という言葉の持つ印象が、そう思わせたとしか言いようがありません。ディレクションを考えるにあたり、ネックになったのはそこでした。もちろん美術館の名前を変えることはできませんが、もっと親しみやすく、世界に向けて発信していくにふさわしい名称が何かあるのではないか？ そこで考えたのが、MoMA（ニューヨーク近代美術館）のような英文字を組み合わせた愛称をつくることでした。

美術館の英語表記は、特に厳密な決まりはなく、ある程度自由につくることができます。大分県立美術館ならOita Prefectural Museum of ArtでもいいしArt Museum of OitaやOita Museum of Artでもいいのです。ただし、愛称にする以上は〝音〟が大事なので、頭文字を並べた時に呼びやすい名前でなければいけません。いくつかパターンを考えた中で一番しっくりきたのがOita Prefectural Art Museumの頭文字を組んだ「OPAM」でした。この文字を平野がロゴにビジュアライズし、館の入り口にはロゴを造形化したモニュメントをシンボルマークとして設置しました。記念撮影にはうってつけのスポットで、ここで撮影した写真を多くの人がＳＮＳにアップすることにより、まだ訪れたことがない人にも「OPAM」の認知を促す効果を狙ったのです。

同じ美術館でも「大分県立美術館」と「OPAM」では、受ける印象がまったく異なり

OPAM

ます。音だけでも違いますが、そこにロゴの視覚情報が加わると、聴覚情報で捉えたイメージがさらに強化されます。受け手の知覚に訴え、良いコミュニケーションを生み出すためには、どうビジュアライズするか以前に何をビジュアライズするかが重要です。言葉をデザインすることの必要性もそこにあります。

コンセプトが視覚的に伝わる名前をつくる——気包紙

「気包紙《きほうし》」は、私が日清紡ペーパー プロダクツ（現ダイオーペーパープロダクツ）から依頼を受け、共同開発した高級なパッケージ用紙です。紙専門商社の竹尾が取り扱っている紙の中では厚みと強度があり、風合い、触感を大切にして、その具合に三つのバリエーションを持たせているのが特徴です。紙が完成してどういう製品名にするかという話になった時、これらの特徴や開発に込めた思いをうまく名前で表現できないかと考えました。

ラッピングは世界中で行われていますが、私はかねがね日本の「包む」という行為は、いわゆるパッケージとは違う意味を持つ、少し特殊なものだと思っていました。例えば熨斗はご祝儀やお礼の品に添えられますが、単に品物を機能としてホールドしているわけではなく、そこにお祝いや感謝の気持ちを込めるという古くからの慣習があります。この紙も、機能性だけでなく風合いを大事にして開発したのは、手で触れた時の、他の紙とは違う感触から伝わる何かがあると考えたからです。それは気持ちかもしれないし、独特の空気感、あるいは気配のようなものかもしれませんが、もとをたどればすべて同じ〝気〟です。モノと一緒にその〝気〟を包むという意味合いで、「気包紙」と命名しました。

竹尾には多種多様な紙がありますが、漢字の製品名は少なく、田中一光さんや原弘さんのディレクションで開発された数々の魅力ある定番用紙も、ほとんどカタカナです。開発当時の時代性を反映しているからだと思いますが、私は竹尾の商品ラインナップや今の時代の気分も踏まえて漢字にしたいと思いました。仮名やローマ字のような表音文字に比べ、一つひとつの文字が意味を持つ漢字は、視覚的に伝わる情報が多いのが特徴です。「気」「包」「紙」の3文字が組み合わさることで情報が複合的になり、コンセプトの片鱗を含ませることができたのではないかと思います。

ブランドを方向づける言葉をつくる

4つ目の事例「BEAUTY INNOVATOR」［「BEAUTY INNOVATOR」は、株式会社資生堂の商標登録です。］は、理・美容室やエステティックサロンなど、プロ専用商品の製造販売を行なうブランドのメッセージとして設定した言葉です。そのブランドは歴史はあるものの美容室業界ではマイナーな存在で、メジャーなブランドに押され、商品シェアは伸び悩んでいました。私も最初は、名前を聞いても全然イメージが湧きませんでした。

そこで情報の発信ツールとして美容室に置くフリーペーパーをつくることにしました。誌面で専属のヘアーメイクアーティストが手掛けているエッジーなアートワークを紹介し、それをブランドとつなぐことにより、まずお店の人たち、美容師さんに対してブランドのイメージを伝え、ブランドの浸透を図る。彼らがパリコレなどファッションショーの仕事で関わったデザイナーの服を撮影に使ったり、ビューティを軸にファッションやカルチャーなど感度の高い情報を織り交ぜて発信すれば、内容に厚みが出てブランドの世界観も広

BEAUTY INNOVATOR

FROM TOKYO TO THE WORLD

がります。

では、伝えるべきブランドのイメージとはどのようなものなのか？ それを象徴する言葉として私が設定したのが「BEAUTY INNOVATOR」です。ネームバリューのないブランドなので、編集の方向性は商品の良さを謳うようなありきたりのアプローチではなく、ブランドを牽引する強い特徴づけが必要でした。専属のヘアーメイクアーティストが生み出す高度な技術と高い美意識に裏打ちされたアートワークは、非常にエッジーで先進的、かつオリジナリティに富んでいます。その圧倒的なクリエイティビティに、彼らは常に美をイノベーションしているのだと気づいた時、自然に「BEAUTY INNOVATOR」の言葉が浮かびました。BEAUTYは美容室業界ではよく使われる言葉です。そこにINNOVATORを組み合わせ、未知なる美を切り拓いて行く革新者たるブランドの立ち位置を表明したのです。

「BEAUTY INNOVATOR」はオンライン、オフラインメディアで発信され、フリーペーパーのタイトルになり、その後、このコンセプトを踏襲したヘアスタイリストのコンテストもスタート。アジア最大級のビューティイベントとして現在も2年に1度開催され、ブランドの価値向上に寄与しています。

方針を鮮明にした社名をつくる
――「Communication Design Laboratory」

最後は、私が平野と運営する会社「Communication Design Laboratory（ＣＤＬ）」です。なぜこの社名にしたかというと、まず一つには、デザイン会社に多い○○○デザインや○○○事務所とすることに違和感があったからです。私たちが目指していたのは、パッケージならパッケージのデザインを依頼されて、つくり、納品するという一般的な受注業態ではなく、企業やプロジェクトの発展にとって必要なことを考え、その課題を解決する方法を、創意を凝らした手法や既視感のない表現で提案する事業体です。

デザインの仕事は、目的に対して結果を生まなければ、本来は意味がありません。しかし、どんなに考察を重ね、最善を尽くしても、本当に結果を生むかどうか、開発時点では正直わかりません。それは、いわば実験に近いのではないかと思います。実験というと無責任に聞こえるかもしれませんが、いろいろ経験を積んだとはいえ、やったことがないことは沢山あります。しかも案件ごとに状況や条件、テーマも違うので、同じ仕事は何一つとしてありません。言い換えれば、どの仕事も新しいチャレンジです。自分たちの活動が、試行錯誤しながらベストな解を追求していく実験ならば、そのための空間は研究所と呼ぶのが一番フィットする。そう思い、Laboratoryという単語を使うことにしました。

コミュニケーションデザインという言葉は、今でこそよく耳にしますが、CDLを立ち上げた2005年当時はまだほとんど使われていませんでした。私がこの言葉に意図したことは、今日使われているコミュニケーションデザインの意味合いと少し異なります。デザイン業界は、グラフィックならグラフィックデザイナー、空間なら空間デザイナーというように、デザイナーは分野によりカテゴライズされる傾向にあります。しかし私自身にはカテゴライズの意識はなく、ただ必要に応じて自分がすべきことをやってきたに過ぎません。

では、自分がやっていることは何なのだろう？これまでやってきたパッケージや空間などの仕事に共通することはないかと考えました。そしてたどり着いたのが、コミュニケーションという言葉です。コミュニケーションは、そもそもすべてのデザインに共通するものではないか？人が何かと接する時にはコミュニケーションが生じます。どんな分野のデザインであっても、ただ媒介するものが違うだけで、それは変わりません。つまり私たちデザイナーは、より良いコミュニケーションを生むために仕事をしているのであり、それを私はコミュニケーションデザインという言葉で表現したのです。

言葉には、特別な強さがあります。絵は解釈によって捉え方が変わるという点において抽象的ですが、言葉はもっと具体的。そのため、方向づけやナビゲーションなど周囲の人たちとコンセンサスを図る時には、言葉は強力なツールになります。例えば「BEAUTY INNOVATOR」というコンセプトをビジュアルだけで伝えることは難しいですが、言葉で表すことにより、先駆的な方向性が明確になりました。ＣＤＬもLaboratoryというスタンスを表明したことで、一緒に仕事をする方たちにはそのスタンスを共有いただいているという前提で、私は仕事ができています。

ビジュアルにはビジュアルにしかできないものがあり、空間には空間にしかできないものがあるように、言葉には言葉にしかできないものがあります。それぞれコミュニケーションできる内容がまったく違うのです。その中でも伝えたいことに対して具体的にフォーカスできる言葉は、コミュニケーションデザインにおいて非常に重要な役割を担っているのです。

コミュニケーションの定義

コミュニケーションという単語は今日とても多く用いられています。

昨今多く語られる「コミュ力」や「コミュ障」などという言葉もありますが、これらは言語を介したコミュニケーションに関することが主で、私が言うコミュニケーションの概念の中ではほんの一部であり、比較的重要度は高くない範囲だと考えます。なぜならばこれは人間が得た知恵の範囲のことで、知恵である以上、本能的な働きとは一線を画した範囲であると考えるからです。私の言うコミュニケーションとはより本能的、生理的な働きのことであり、ゆえに人であれば誰もが共有し得る領域のことです。

つまりコミュニケーションとは言語や習慣を超えて通じる感覚のことと言えます。

そして人以外の他の生物もそれぞれにコミュニケーション能力を携えており、生存する上で必要不可欠な感覚でもあると考えます。それはマイナスに対するセンサーとしては危険回避的に働き、プラスのセンサーとしてはよりよく生きるための働きとして存在するのだと思います。

私はコミュニケーションという言葉をそのように定義づけたいと考えます。

4章

商品をつくる

「商品をしてすべてを語らしめよ」

資生堂で社会人として初めての経験は2週間に及ぶ泊まり込みの研修でした。さまざまなことを学びましたが最も強く残っていることは、資生堂初代社長 福原信三氏が残した「商品をしてすべてを語らしめよ」という言葉でした。さまざまな意味が込められていると思いますが、まさに商品をデザインすることをこれから始めようとしている私にとって、その言葉のインパクトはとても大きなものでした。その後さまざまな媒介を通してデザインをアウトプットするようになりますが、常に意識は「商品をしてすべてを語らしめよ」ということを中心に働いています。

関わった人が誇れるものを
――「SHISEIDO MEN」

　商品をつくるという仕事を始めて一番驚いたのは、たった一つの物をつくるのに、何と沢山の人が携わっているのだろうということでした。企画から一つの商品ができて世に送り出されるまで、大体約1年かかります。実際に私がパッケージのチームで最初につくった商品は、スケッチを描いてデザインが決まり、生産ラインに乗って商品ができるまで、ほぼ1年かかりました。1年で1個ということは、10年で10個です。どんなにデジタル化しても、物理の部分はほとんどスピードが上がっていないので、それだけ時間をかけなければ商品はつくれないのです。他の化粧品会社のことはわかりませんが、商品をつくるために必要なプロセスは、おそらくそう大きく変わらないのではないかと思います。

　その過程ではいろいろな段階や工程があり、いろいろな人とのやりとりがあります。研究開発している人、中身をつくっている人、容器をつくっている人、マーケティングをしている人、購買調達をしている人、営業している人、他にもまだまだ沢山います。一つの商品をつくり世に出すために、どれだけの人の労力や技術、時間を費やしているか。その事実に驚いたのです。広告やお店をつくる場合は、関わる人の人数は限られています。しかし商品をつくるとなると、その数はおそらく100人単位です。

良いデザインをつくることが、その人たちの労力や提供してくれた技術に報いることになるのではないか。積み重ねられた労力やエネルギーに見合うような、その成果を具体化するようなデザインにしたいという思いは初めから今まで変わることはありません。

「SHISEIDO MEN（シセイドウ・メン）」は「男の美学」をコンセプトに、2003年に開発された男性用スキンケアブランドです。当時は男性がスキンケアをするという認識や習慣が今ほど浸透していなかったので、化粧品＝女性のためのものという意識が根強くあったように思います。私自身、男性用の化粧品について考えたのは、この時が初めてでした。女性と直結するような化粧品のイメージに対し、男性と直結する化粧品のイメージとはどのようなものなのか？その時にふと思いついたのが、丸と四角のような、ある意味オポジットと言える関係性です。優美な曲線でできた丸が女性なら、男性は角張って直線的な四角のイメージです。球や立方体はそれだけで形として美しいですが、すでに完成形なので、そこにデザイナーとしてどう造形を与えるか。これを基点に発想していきました。

化粧品のボトルで最もスタンダードな形は円柱です。マスプロダクトにおけるシステムの枠組みの中で、多分、一番無駄がなく、合理的につくれる形だからでしょう。そのため、多少の形の違いはあれ、多くの化粧品は円柱形を基本としています。そこで、丸い円柱のボトルを女性とするなら、男性はどういう風に対比させればいいのかを考え、円柱の両サイドを縦にスライスするというアイデアが浮かびました。こうすると、スライスした部分の曲面が平面になるので、それ以外のところは曲面を残しながらも、全体としては四角い印象が生まれます。「男の美学」のコンセプトに沿った力強さと美しさ、両方の要素を兼ね備えた形ではないかと思いました。

容器は面の広いほうを正面に設定するのが一般的ですが、90度回転して面の狭いほうを正面にしたことには理由があります。いくつかのアイテムを並べた時に、スライスした面同士が隙間なくぴったり寄り添うのです。女性用の化粧品を手掛けていた時は、自分が使うという意識はないので客観的につくっていましたが、男性用ということは自分もターゲットに含まれるため、自分で使うとしたらどんな佇まいの化粧品がいいかと考えました。そして思ったのは、置いた時にあまり目立ってほしくないということでした。若い人たちとはだいぶ違う感覚だと思いますが、化粧品というものに対する気恥ずかしさがまだあるので、できるだけコンパクトな状態で置けるものにしたいと思ったのです。スライスした面を側面にすることにより、その課題が解決され、ミニマルなスペースにひっそりと、整理された状態で置くことができるデザインになりました。

横に並べたボトル同士が寄り添う造形は、実は非常に高度な技術を要するので、普通に同じような形のボトルをつくっても、ここまでぴったり並べることはできません。なぜかと言うと、大抵の商品はキャップとボトルの直径サイズが、見た目は同じように見えても、厳密には違う場合が多いからです。そのため概念としてはぴったり並ぶはずですが、実際に並べてみるとキャップとボトルの間は隙間が空いている、ということになります。

「シセイドウ・メン」のボトルのようにキャップとボトルの寸法差を0㎜にすることは、マスプロダクトにおいてはタブーとされています。しかし0㎜にしたところで何か問題が

SHISEIDO MEN
HYDRATING LOTION
TONIQUE
HYDRATANT
SHISEIDO MEN
TOTAL REVITALIZER
REVITALISEUR TOTAL

起こるかというと、実はそういうことはまったくありません。それにもかかわらずタブーと言われる理由は、ボトル製造がガラスでつくられていた時代から始まっていることに起因しているのではないかと思います。ガラスは樹脂よりも精度が低いので、どうしてもサイズにギャップが生じる可能性があり、キャップとボトルの段差をなくすことは至難の業です。しかしキャップとボトルを樹脂同士でつくる場合は、お互いの精度が高く調整が利くため、まずギャップは生じません。私は経験からそれを知っていたので、寸法差０㎜を指定したのです。物理的にできないはずはないとはいえ、高度な技術を要することは確かなので、依頼できる容器製造会社は自ずと限られました。

「シセイドウ・メン」のラインナップの中で唯一のフレグランスは、スキンケアラインと考え方は同じにしつつ、フレグランスというアイテムの持つイマジネーションの広がりを表現するために、球体という基本形とすべてが透明である素材感を用いました。正面から見るとスキンケアラインと同じように四角い印象ですが、横から見るときれいな球体に見えます。

SHISEIDO MEN

関わったすべての人たちと共有できるものは、目に見える形になった物、つまりその商品しかありません。「シセイドウ・メン」に携わった社内外のすべての人にとって、「シセイドウ・メン」の仕事は「シセイドウ・メン」の商品に集約されます。言い換えれば、商品を以てしか、皆がその仕事をしたことを共有できないということであり、商品をデザインするということは、その役割を負うということです。私は、関わっている人たちが誇れるような、少なくとも納得してもらえるようなデザインをつくらなければならない。商品のデザインに携わるたびに「商品をしてすべてを語らしめよ」という言葉が私の中で繰り返し響いています。

明快なデザインにはロジックがある
——「オイデルミン」

ギリシャ語で〝良い肌〟を意味する「オイデルミン」は、１８９７年に資生堂が初めてつくった化粧品です。華奢なガラス瓶に大きな球状の栓が特徴の、赤い液色をした化粧水です。１９９５年、当時社長であった福原義春さんがこの誕生１００周年を記念したリニューアルデザインを、セルジュ・ルタンス氏に依頼しました。そこで、パリで仕事をしていた私が、ルタンス氏のイメージを具体化するべく担当することとなりました。当時ルタンス氏は資生堂グローバルのイメージクリエイターとして、海外の資生堂のブランドイメージ全般を司る立場にいました。

ある日、ルタンス氏が私たちの制作室にやって来て、「オイデルミンの話をしたい」と言ったかと思うと、その場でコピー用紙に絵を描き始めました。「色は赤。キャップは球状。ボトルの形は四角で、できるだけ背は高く」。そんなことを言いながら、Ａ４のコピー用紙にボトルのスケッチを描いていきました。商品名については、日本人にはわからない感覚ですが、「オイデルミン（Eudermine）」という言葉はフランス語で発音すると違和感があると言うのです。そこで彼が考えたのは、あえて読めないようにするため、商品名を縦書きにしてセンターで反転させた鏡文字にすることでした。

その時、私は、クリアなデザインとはこういうことなのではないかと思いました。つまりルタンス氏は、丸がいいか、四角がいいかとか、そういうことではなく、インスピレーションでこういうものがいいと思ったわけです。デザインするというのは、ああでもないこうでもないと議論してつくるようなものではなく、彼のようにこれがいい、これが正しいという自分の中のロジックに従うことが大事なのではないかと思ったのです。

受け取ったスケッチほぼそのままのボトルデザインが、立体としてでき上がりました。ボトルフォルムとつながるオリジナルの文字を縦にデザインし、センターで反転させた鏡文字に組み、赤い紙に（白い紙だと小口に厚みの白が出てしまうため）オフセット印刷とシルク印刷で表現して、ボトルの真ん中に添付しました。それは初代のオイデルミンに、とても

1997

凝った印刷のラベルが貼られたことを認識していたことに起因します（なぜ認識していたかといえば、同じタイミングの連動するプロジェクトとして初代オイデルミン復刻商品も私が担当しており、当時の残っている資料を元にその再現を行っていたからです）。その後ロゴに用いた書体でアルファベット一式を開発しました。当時、まだ出始めであったマッキントッシュで使用できるフォントとして仕上げ、表示面や能書きの欧文をすべてこのオリジナルフォントで作成しました。

日本に帰国した後は、案件すべてではないものの、ある程度自分でジャッジできる立場になっていたので、パリでの経験を生かして自分の中で解を明確に持ち、それを形にすることを徹底しました。以来ずっとそうして仕事をしてきましたが、ありがたいことに今日までクライアントに受け入れられなかったことはありません。大事なのは、必要に応じてきちんと説明できる、確たる理由を持ってつくることです。もちろん責任はありますが、結果は絶対にそのほうがいい。これは断言できます。

ルタンス氏は「オイデルミン」を背の高い四角いフォルムにした理由を「モダンだから」

と言っていました。それ以上の説明を彼の言葉で聞いたわけではないので私なりの解釈ですが、昔のものはクラシックであり、この先100年後までつなぐべき要素はちゃんとつなげるけれど、100年経っても価値があるものはモダンであるべきだというのが、おそらく彼のロジックだったのではないかと思います。

デザインのプロトタイプができ上がり、銀座の資生堂本社でデザイン提案が行われた際、多くの役員から「倒れそうで怖いからこのデザインはだめだ」という声が上がったそうです（私はパリで仕事があったため、提案の席には直接立ち会えませんでした）。しかし、福原社長が「それでも好きな人だけ使えば良いのではないか」とおっしゃってデザインを承認したと聞きました。1997年に発売されたこの商品は25年（四半世紀！）以上経った今も世界中で愛され使用されています。

マスプロダクトに手づくりのような揺らぎを
――「qiora」

1996年にパリの駐在を終え、東京に戻って間もなく、新しいブランド開発のプロジェクトがスタートしました。ハーバード大学と資生堂の10年に及ぶ肌と心の研究成果をもとに行われたこのプロジェクトは、成分が肌にダイレクトに働きかける効果を追求した従来の化粧品とは、根本的に発想が異なりました。テーマは「香り」。肌につける時に香りを吸引して体内に取り込み、その効果で心身のバランスを整え、肌を美しく健やかに導くというコンセプトを掲げ、21世紀のビジョンとして定着することを目標としていました。今でこそ多くの化粧品が肌と心の関係に着目していますが、その先駆けと言っていいでしょう。丸2年の開発期間を経て完成した製品ブランドは、「気」と「オーラ」を組み合わせ、「qiora（キオラ）」と名付けられました。

では、新たな時代の商品にふさわしいデザインとは何か?と考えた結果、「心地良さ」を目指すことにしました。マスプロダクトは一つのものを同じにつくるシステムを前提としています。例えば陶芸なら1個1個手づくりなので、10個つくれば10個とも少しずつ違います。人が陶芸品に引かれるのは、自然なものならではの、まったく同じにはならない完全ではない感じに、どこかホッとするからではないでしょうか。画一的につくられる人工物とは異なる形や感触が、私たちに心地良さを与えてくれるのだと思います。そこで、マスプロダクトの合理的なシステムの中で生み出すものを、どうすればより心地良くできるかというテーマが浮上しました。

幾何学的なものは合理性につながっていくので、マスプロダクトの宿命として幾何学的要素から逃れることはできません。幾何学的なものは美しいという側面もありますが、幾何学的なものの限界もあります。そこで、幾何学的でありながら、そこに依存しないような在り方はないものかと模索しました。そして思いついたのが、真っ直ぐではなく、少し形が揺らいでいたり、曲がっているように感じられる形状です。本当の意味で曲がっているというよりも、視覚的に曲がっているように感じる形と言ったほうが正確かもしれません。あくまで幾何学的な法則に則っていながら、幾何学的ではないものをつくる。それは、陶芸でできるものとも、合理的なプロダクトの概念でできるものとも違う、両者の中間のようなバランスであり、そういう位置づけのものを具体化できないかと考えたのです。

「キオラ」の容器は歪んでいるような不思議な形をしていますが、すべてのアイテムは水平にスライスすると、どの位置で切っても断面が円形になります。つまり根拠もなく歪んでいるわけではなく、円の集積という幾何学的な解釈に則った形なのです。揺らいだ形状を持たせたフォルムは、視覚的な面白さだけでなく、触覚的にも手に馴染みやすいという特徴があります。

このS字のような揺らぎをアイデンティティとするならば、すべてのアイテムの容器に同じS字のキャラクターを持たせてつくるのがブランドラインの定石ですが、「キオラ」のクリーム類の容器は弧になっています。見た目にはS状ではありませんが、断面が円形になるというこの形状のシステムには共通しています。集積した円の中心をずらすことによってできる形が、このブランドのデザインのキャラクターであるという捉え方です。

細かい話をすると、このクリームの容器は蓋の閉まる位置によって形が変わる仕様にな

qiora
qiora
WATER ESSENCE
SHISEIDO

っています。一般的に1条ネジが1ピッチで1回転進み、必ず同じ位置でとまるのに対し、2条ネジは1ピッチで半回転進み、180度離れたところでもとまるという特徴がありま す。この2条ネジを採用することにより、2カ所のうちどちらでとまるかで、形に変化が生まれるようにしました。

「キオラ」のデザイン上のもう一つの特徴は、カラープランです。ブランドカラーには心地良さや自然のイメージから青を選定しましたが、パントーンのチップで決めるような方法ではなく、水色のような薄い青から瑠璃色のような濃い青まで、青という幅のある色合いをブランドカラーにしました。いろいろな青が存在するほうが、自然の風景に近づくのではないかと思ったからです。1本の木にある葉は、種類は同じでも、一つとしてまったく同じ色や形はありません。空の色も、青い空と言っても、まったく同じ色が空一面に続いているわけではありません。そうした幅のある色味であることが、自然が持っている心地良さに通じるありようなのではないかと思ったのです。すべてのアイテムを同じ色で統一するという記号的なブランドカラーよりも、青いというカテゴライズされた中でさまざまな青が存在するほうが、このブランドのキャラクターにふさわしいのではないかと考えました。
商品は1個1個の姿形はもちろんですが、ブランドとして複数のアイテムが集まった時の風景も大切です。一つのシリーズでありながら、画一的ではないさまざまな青で構成されたカラープランと、アイテムごとに揺らぎを取り入れたフォルムの感触、そしてアイテムが集合した時の視覚的なありようによって、自然が持つ有機的な様を取り入れることを試みたのが「キオラ」のデザインなのです。

適切な差配で、デザインを具体化する
――「vocalise」

私は、どんな仕事でも自分のロジックを持っています。色や形を決めるにも、素材を選ぶにも、すべてに理由があります。そこに至るまでには、とにかく答えを探すしかありません。私の言う答えとは数式のようなもので、どの数式が正しいかを探る感覚に近いかも

しれません。商品にするには、目的や条件、テーマ性など勘案すべきいくつもの要素があるので、それらの要素をそれぞれスクリーニングするのです。条件が50あるとしたら、その条件を具体化するには何があるといいのか、頭の中で整理していくと、だんだんその要素が絞られてきます。そうして最後は形や色、素材感などの要素を全部集約し、一番良さそうなのはどれか選定するという具合です。

その過程では、実際に見ないとわからないこともあるので、アクリルで立体の形にしたモデルをつくってみたり、色を塗ってみたりします。プロダクトを表現する要素は形、色、素材、グラフィックと比較的シンプルです。それぞれの要素をどうアンサンブルすれば、どういう印象になるか、いろいろ組み合わせて考えるわけですが、つくってみたら思っていたものと何か違うということもあります。どんなに想像力を働かせても、3次元で見た時にどうか、わからないところもあるからです。アクリルモデルは価格が高いので、むやみに試作できません。イメージした一つの形に対し、まず1個つくります。それでできることもありますが、不十分な時はもう1個つくるというのが私のプロセスです。

デザインのイメージとしてはその2回でほぼ固まりますが、それだけではできないのがプロダクトです。創作的段階とは別に構造設計という段階があり、容量や機構などの関係で、デザインモデルの形のままでは製品化できないという結論になることもあります。それらの課題をクリアするとデザインは具体化されます。

「オイデルミン」の容器は、サンゴバンという世界的にも歴史のあるフランスのガラスメーカーが製造しています。これを日本のメーカーに頼んだら、まず厚みを倍にして高さを3分の2にして角をもっと丸くしないと無理だと言われるでしょう。非常に難しい形状である上、さらにそれを量産するとなると、世界中でもサンゴバンでしかできないと思います。

1997年に私が手掛けた「vocalise（ヴォカリーズ）」という資生堂のフレグランスの容器も、フランス以外ではできなかったと思います。フレグランスのパッケージの仕事はパリに行く前に三つほど担当しましたが、パリに行って強く感じたのは、フランスはフレグランスの歴史の中心地なので、そのカルチャーが日本とは比較にならないほど発達しているということでした。そんな中で、当時フランスでも注目を集めていたのが、イッセイミヤケの「ロードゥ イッセイ」です。それまでの装飾的で女性的なフォルムの容器とはまったく異なる、装飾を排した円錐形と球体を組み合わせたモダンなデザインは、フレグランスの世界に新鮮な驚きをもたらしました。そのトレンドはカルバン・クラインなど他のブランドにも波及しました。

各社がさまざまなデザインのアプローチをする中で、デザインしたのが「ヴォカリーズ」です。新たにグローバルに展開するフレグランスをデザインするにあたり、当時サークルを用いたものは存在せず、その記号性をデザインに取り入れようと思い至りました。またその記号性のみにとどまらず、見る角度により形が変化して見えるのが特徴です。正面から見るとシンプルな円形ですが、横から見ると瓦型のように面が大きく揺らいだ形をしています。それによって見る角度により、いくつかの違った印象の形状に見えるものとなっています。デザインは決まりましたが、いざこれをガラスでつくるとなると、非常に難しいのです。それをフランスのガラスメーカーが実現できたのは、世界に誇る香水産業国としての自負や、美しいことや楽しいことを重んじて優先するフランスのカルチャーが多分に影響していると思います。

メーカーが言う「できない」という言葉は、物理的な意味にも、技術的な意味にも取ることができます。しかし私は、技術の限界は経験で培った知識として持っているので、物理的に不可能なのか、難しいけれどもやればできるのか、その判断はつきます。技術的に可能なことがわかっているから依頼しているのであり、物理的に不可能なデザインはそもそも提示しません。つまりメーカーが「できない」と言う時は、技術的にはできるけれど、他の理由でできないことは明らかなので、そういう時は理詰めで交渉をします。できない理由は設計的なことではなく、大抵はコストか量産数などで、お金やスケジュールで解決できることだからです。取引先だけでなく、社内や社外に対しても調整を行い、容易ではないけれどもこうすればできるというプランを提示し、具体化する。そういう差配もデザインディレクターである私の役割です。フランスではそのような仕事をデザイナーと分けて、パッケージエンジニアという職種で確立しています。

例えば200㎖のボトルがあり、次は100㎖をつくりたいという話になったとします。半分の容量なので、200㎖のボトルをそのまま縮小しようとすると、全部新しくつくらなければなりません。しかし口の直径を変えずにキャップは同じものを使い、液体を入れ

vocalise

る下半分の容器だけサイズを変えれば、余計なコストや時間を削減できます。そしてお金や労力を、かけるべきところにきちんとかける。いい商品をつくるには重要なことです。

デザインの仕事はケースバイケースで、毎回異なる条件や目的の中で行うため、確率で数式を当てはめることはできませんが、経験を蓄積していく中で、これを具体化するにはどこが難しいか、どうしたらできるのかという勘所や方策がわかってきます。しかしそれでも取引先が安全牌を取って、できないという姿勢を崩さないこともあります。そうなるとデザインは方針によって制約を受けるので、できる範囲が狭まってしまいます。できる範囲が狭まるということは、デザインが他のものに似てくるということです。デザイナーが既視感のないものを目指していろいろ発想しても、技術以外の要因によって阻まれてしまうということは、日本では決して珍しくありません。

日本ではどうしてもコストやスケジュールが優先で、まずこれをつくりたいという前提に立ち、そのためにコストやスケジュールをどうするかという話にはなかなかならないのが現状です。アップルがアルミニウムの一枚板から削り出した、つなぎ目のないユニボディでつくっている製品を、日本のメーカーが樹脂でつくっているのは、まさにその一例と言えるでしょう。オリジナリティのあるものをつくろうとすると、そこをいかに算段するかは避けて通れない道です。

この数年、化粧品業界でもサステナブルへの対応が求められ、現行商品を見直す動きがあります。容器の素材を変えるということは、金型も変えなければいけないということです。一言でプラスチックと言っても、種類により成形収縮率が異なるからです。金型の寸法は、成型収縮率と成型品の寸法から割り出されるので、素材を変えると、まったく同じ形の容器をつくるために、何百万円もかけて金型を全部つくり替える必要があるのです。

売れ筋商品はともかく、昔からあるという理由で細々と続いているような商品に対し、デザインはまったく変えないのにお金だけかけるのは、私は無意味だと思います。であれば、この機会にデザインを一新するほうが得策です。どうせ金型はつくり直さなければいけないのですから、そのタイミングでデザインも変えてしまえば、中身は同じでも新製品のように見えるのでPRになります。実際に、ある商品はその方法で成功しました。デザイナーは商品を売ることまで考えると、進行やコスト、品質などを管理するだけでなく、市場ニーズを把握して効果的な戦略を立てるプロデューサー的な視点も必要な気がします。

ブレイクまでの段階的な道のり
――IPSA「ザ・タイムリセット」シリーズ

「イプサ」の薬用化粧水「ザ・タイムリセット アクア」は、百貨店やバラエティショップ、ドラッグストア、ＥＣなど、さまざまなチャネルで売れたコスメをランキングで紹介する『WWD BEAUTY』等で、２０１９年から毎年のように1位を獲得している、「イプサ」の顔ともいうべき中心的存在の商品です。メタリックなカプセルに透明な液体を閉じ込めたような、波打ったフォルムのボトルが特徴で、２０１４年のリニューアルで4代目のこのデザインになってから爆発的に売り上げが伸び、アジアで最も売れている化粧品と言われるまでになりました。

２００1年にデビューした「ザ・タイムリセット」シリーズは、イプサの社運を賭けたシリーズで、最初に発売された商品はエッセンスでした。当時イプサは創設から10数年経っていましたが、売り上げがなかなか伸びず、苦しい局面にあり、何かしらの打開策を模索していました。「イプサ」は当時から広告を最小限しか打たないブランドだったので、メッセージを発信する場面がほとんどありませんでした。それならば、商品自体がメッセージを発するようなデザインにしたほうがいいのではないかと考えました。パッケージに他の商品にはないイメージを付加するため、このシリーズに関しては、販促や広告などのマーケティング費用を外装費に投入してほしいと、当時の開発部長であった田中修一氏にお願いしました（田中氏は、私がパリ駐在中に資生堂UKの社長をされていた方で、以前から面識がありました）。商品は、消費者が興味を持たなければ、そこでおしまいですが、商品に訴えかけるものがあれば消費者は気に留めて、次のアクションにつながる可能性があるからです。

ただし1990年代後半は商品のコストを極力抑えて利益を上げるという方針のものづくりが特に顕著な時代で、それを長年踏襲していたため、同じコスト基準でやっても新しいものはつくり得ないだろうと思いました。その要望を田中氏が受け入れてくれたおかげで、私はいつも制約となるコスト条件を考えることなく、理想的なデザインを行うことができたのです。そうしてできたのが、シリーズ最初の商品であるエッセンスです。

メタリックなブルーグリーンの色調に、コロンとした可愛げのあるフォルム。ピカピカしたボディは、蒸着という仕様で表現しています。蒸着は加工費が高いので、これをつくった当時の化粧品にはせいぜい小さなパーツにしか使われていませんでした。ボトルのフォルムもすべて新たな型から起こしたオリジナルです。一般的な化粧品は、円柱の既存の型を使っているものが大半です。大手が新しい形をつくる場合も、使えるものは流用するよう常にいろいろ工夫しているので、すべてをゼロからつくれることはほとんどありません。しかしこの商品は、そういう常識を無視し、全部新しい型を起こしました。多分、金型を6個つくったと記憶しています。金型はとても高価なので、それを1品のために6個となると、普通の化粧品開発では考えられない金額です。

このエッセンスはヒットしました。もちろん要因はデザインだけではありません。しかしファーストインプレッションを効果的に与えるという意味において、デザインの担う役割は大きいと言えます。その成果は資生堂の年間の製品の中でも評価され、このプロジェクトは社長賞を受賞しました。

翌年の2002年に「ザ・タイムリセット アクア」の初代が発売されました。「アクア」というワードから、私の頭の中には透明な容器に透明の液体が閉じ込められているイメー

ÍPSA
ÍPSA
ÍPSA

ジが浮かびました。しかし当初は、内容物の成分の関係で容器は不透明なものでなければならないという条件がありました。エッセンスの時は同じ条件を逆手に取り、容器を全部蒸着で覆いましたが、アクア、つまり水を謳ったこの商品は、容器も中身も透明な印象でなければ成り立ちません。

そう思った私は、不透明な容器という条件を無視し、勝手に自分で透明のモデルをつくりました。それを担当者に見せると、透明感が重要だという私の意図に賛同してくれました。さらにその担当者が研究所の人にモデルを見せたところ、その人も深い理解を示し、ボトルが透明にできるように処方を変えてくれたのです。パッケージのデザインが進行する段階では、中身の処方はおおよそ確定しているので、この時点で処方を変えるというのは、とても大変なことです。普通なら絶対にやらないであろうことを、研究所の人が敢行してくれたおかげで、「ザ・タイムリセット アクア」の容器は私がイメージしていた通り、上下シルバーのパーツの間に透明な液体が閉じ込められた、カプセルのようなデザインになりました。シルバーのパーツに挟まれた間が透明というアイデンティティは今日まで継承されています。

冒頭で述べたように、「ザ・タイムリセット アクア」は、4代目の現行デザインになるまでブレイクの兆しはまったくありませんでした。しかしこの時に成されたことが、15年後のブレイクにつながっていることは間違いありません。コスト制約を一切取り払って制作できたこと。そして、研究所の人たちの理解や美意識、認識力に支えられ、透明の容器にできたこと。この2点がベースになければ、現行の「ザ・タイムリセット アクア」のデザインは生まれ得ませんでした。商品開発には従事する人たちの深い理解と多大な協力が必要であり、その上でデザインはベストに着地することが常に望まれているのだと、あらためて認識し、教訓となったプロジェクトでした。

5章

ビジュアルをつくる

ビジュアルは概念を視覚化する

物や空間など媒体としてそれぞれ持っている特性があるように、ビジュアルにはビジュアルの特性でしか伝えられない要素があります。ビジュアルは直接的に強烈な印象を残します。視覚的にキャッチした情報は、良くも悪くもなかなか忘れません。とても感動した美しい絵も、気持ち悪い不気味な絵も、一度見たら記憶に残り、何かの拍子に思い出したりするものです。

ビジュアルには言葉のような断定性はありませんが、ある方向にイメージを牽引する力が抽象性と共存しているように思います。例えばポスターのビジュアルは、コピーを伴うと伝えたいことが明確化しますが、言葉がないと抽象度が高くなります。しかし抽象度が高いからといって、何を伝えたいのかまったくわからないというわけではありません。もちろん完全に抽象的なビジュアルもありますが、抽象的とはいえ何らかの具象性を持たせて表出することもできるので、私がビジュアルをつくる時は知覚的に働きかけることと感性的に働きかけることのバランスをどのように取るかを考えることが多いです。

では、商品やメッセージを伝える上でビジュアルが果たす役割について、事例で具体的に説明しましょう。

季節を共有して日本独自の習慣を活性化する
——三越のお中元お歳暮

三越のお中元とお歳暮のビジュアルディレクションを２００６年から10年間行いました。三越のメッセージの中でも贈答品は特に重要で、贈答の需要が高まるのはお中元、お歳暮、バレンタイン、クリスマス、次いで母の日、父の日です。そこで、三越の贈答の季節のメッセージをどう伝えれば効果的なのかを考え、三つのロジックを立てました。

デパートの歴史や成り立ちを考えると、単に百貨を扱う店というだけでなく、昔はおそらく西洋の一番新しいものはデパートでしか手に入らなかったはずです。他のどのお店にもない、知らない国の新しいものが、デパートにはあった。その一方で、老舗の百貨店は呉服屋から発展した歴史があるので、日本古来のものもデパートにはずっと売られています。つまり、日本と西洋の文化がミックスして混然一体としているところがデパートの特徴と言えるでしょう。だとすれば、日本的なものと西洋的なもので分けて見せるのはどうだろうと考えました。お中元やお歳暮は日本的なものです。クリスマスとバレンタインは明らかに西洋的なものなので、それを対比させたらどうなるかというのが一つ目のロジックです。

バレンタインとクリスマスに関しては別の機会にすることにして、ここではお中元とお歳暮に絞って解説します。その当時お中元やお歳暮の慣習はすでに形骸化しつつあり、時代の変化と共にどういう存在なのかという明確なイメージがありませんでした。お中元・お歳暮という言葉も古臭いと感じられていたのか、「夏の贈り物、冬の贈り物」というように言い換えて告知されることが増えていました。そこでお中元とお歳暮を日本らしい季節のモチーフと紐づけ、その季節が持つ独特の雰囲気を携えて贈り物をするというイメージをつくり出そうと、夏と冬それぞれのモチーフに季節を象徴化させ、それを繰り返すという方法を考えました。つまり、毎年ビジュアルのモチーフを変えるのではなく、夏になったら朝顔、冬になったら南天というように、同じモチーフを繰り返して展開する。これが二つ目のロジックです。

よくよく考えれば季節は繰り返すだけで、毎年新しい何かが起こるわけではありません。であるならば、ビジュアルのモチーフが毎年新しくなければいけない理由もなく、むしろ変わらないことのほうが、その季節を表現できるのではないかと思いました。モチーフは同じでも、毎年まったく同じ朝顔が咲くことはないように、まったく同じ絵である必要はないので、ビジュアルに変化をつけることもできます。朝顔の涼しげな姿は夏の風物詩にふさわしいですし、赤い実が美しい南天は、昔から難を転じる縁起のいい植物といわれているので、モチーフはこの二つに決めました。

お中元やお歳暮などのビジュアルは、DMやポスター、新聞広告、懸垂幕などさまざまな媒体に展開される前提ですが、通常1枚の絵を媒体のフレームに合わせて縮小・拡大したり、レイアウトを調整したりして使います。しかし同じ絵をハンコのように繰り返し用いることは単調で、面白みに欠けるものです。余分な手間やコストをかけずとも、もっと魅力的に展開する方法があるのではないかと思い、ビジュアルをフレームの中で構築するのではなく、フレーム自体を取っ払って空間的に捉えてみたらどうだろう？と考えました。まず朝顔が有機的にどこまでも広がっているビジュアルをつくり、その中の一部分を切り抜くとポスターになり、他の一部分を切り取るとカタログの表紙になる。一般的な手法とは逆のアプローチですが、この方法ならいろいろな場面で、さまざまなサイズや矩形の媒体に対応でき、同じ世界観で絵に変化を持たせることで、展開としての魅力も増します。これが三つ目のロジックです。

空間的な広がりの一部を切り取って絵にするという発想は、フレームに捉われない広がりの中で風景を先に描き、必要に応じてその一部を切り取り、再構築するという考え方です。私は常に目的に対してプロセスを考えるので、ビジュアルをつくる時にも面や点で考えるより、時間や空間の広がりの中で考える傾向があり、ディレクションもスチールよりムービーのほうが性分にあっているように感じています。ついでに言うと、グラフィックデザインのディテールに対する感覚は弱いという自覚があるので、ビジュアルに関しては普段の仕事でも全体の絵のありようや構造などは自分で考え、デザインのディテールは信

三越のお歳暮
2006
冬の贈り物
MITSUKOSHI
http://www.mitsukoshi.co.jp

頼するスタッフに委ねることがよくあります。

のちに表現方法を小紋柄に替え、風鈴や日傘などのモチーフで現代的なパターンをつくり、ビジュアル展開しました。テキスタイルデザインに用いられるような連続パターンではありますが、空間的な広がりがあるという点では、基本的に最初の考え方と同じです。この時は三越担当者の提案で、江戸時代に活躍した洒落本の第一人者として知られる山東京伝をヒントに、「おかげサマー」「贈るならスキーなもの」など洒落を利かせた言葉をひとこと添えています。

カタログの名称は1年目の時に「三越のお中元」「三越のお歳暮」に変更しました。それまでは「夏の贈り物」や「冬のギフト」などの言葉を用いていましたが、三越のお中元やお歳暮は歴史があり、ステイタスもあります。それを明確に文字にして視覚的にアピールし、「お中元、お歳暮は三越で」というメッセージがストレートに伝わるようにしたのです。小紋柄の中にはこの文字自体も図柄の要素として取り込み、言葉と絵柄が一体感を持ったメッセージになるようにビジュアライズしました。

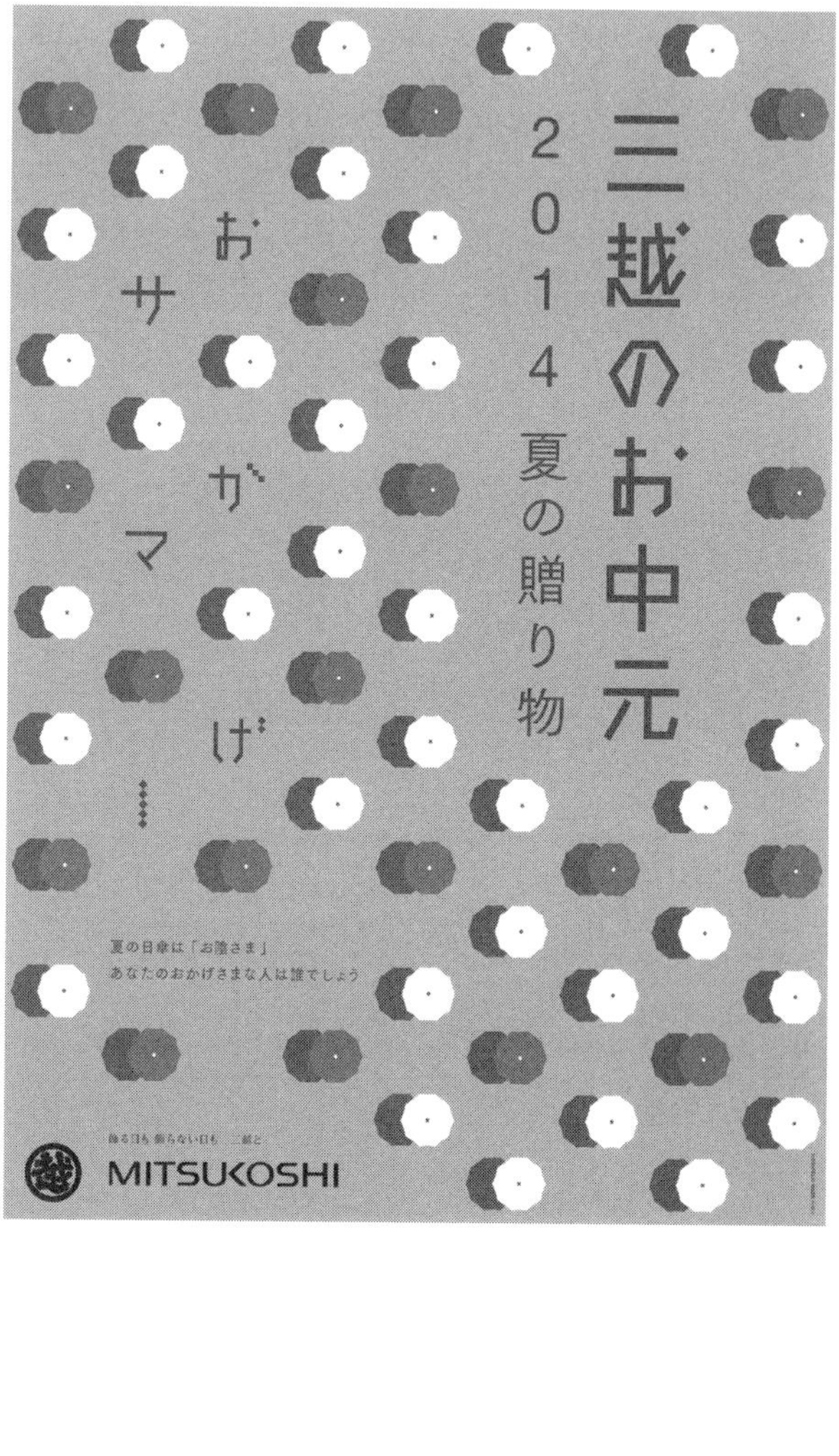

三越のお中元
2014夏の贈り物
おがげ
サマ……
夏の日傘は「お陰さま」
あなたのおかげさまな人は誰でしょう
MITSUKOSHI

商品体験を感覚として共有するために
――IPSA「ザ・タイムリセット アクア」

私が「イプサ」のザ・タイムリセットシリーズの商品デザインを担当するようになった時、ビジュアルは別のディィレクターが手掛けていました。いろいろなバリエーションがありましたが、ほとんどは水を背景に商品を撮った写真でした。みずみずしさや肌へのやさしさを訴求する化粧水にはよく見られるものです。そのビジュアルを見るたびに私は違和感を禁じ得ませんでした。何に対して違和感を持ったかと言うと、水を使っている点です。

そもそも化粧水は水ではありません。水分を補給するためのものであるという機能も水が跳ねている様子からは連想できません。「ザ・タイムリセット アクア」は皮膚科学に基づき、テクノロジーを用いて化学的に精製された特殊な液体なので、ただの水をいくら見せたところで商品の特性は何もわかりません。そこで私はビジュアルをディレクションすることになった時、ＣＧで「みずみずしい潤い」を表現することにしました。

ビジュアルというと一枚の絵でつくるという印象もありますが、静止画では化学的な液体の有機的な美しさが十分に伝わらない気がしました。動いているからこそ伝わるものもあるので、CGのムービーでつくった動きのある液体と商品との関係性で表現したほうが、きっと商品の魅力が伝わるだろうと思ったのです。スチールのビジュアルは、まずムービーを先につくり、そこから静止画を一枚絵として切り出すことにしました。

CG制作は、知り合いを伝って紹介してもらった、ロサンゼルスでハリウッド映画を手掛けるCGアーティスト、千葉真さんにお願いしました。CGで液体を有機的に表現するのは非常に難しく、高度な専門性を要しますが、彼はその分野のオーソリティで、こちらが提示したテーマやディレクションに合わせて見事に表現してくれました。「ザ・タイムリセット アクア」は無色透明な液体で、容器もシルバーのキャップ以外は透明ですが、色がないとビジュアルとして印象が弱くなってしまいます。より印象的なビジュアルとするために、色相の幅を持ったブルーのイメージと光の屈折を感じる虹色を加えることとしました。ムービーだからできる、水の動きや光に応じて繊細かつ複雑に変化する青は、このビジュアルにおける商品の世界観を担う大事な要素です。肌につけるものとしてやさしさを

IPSA

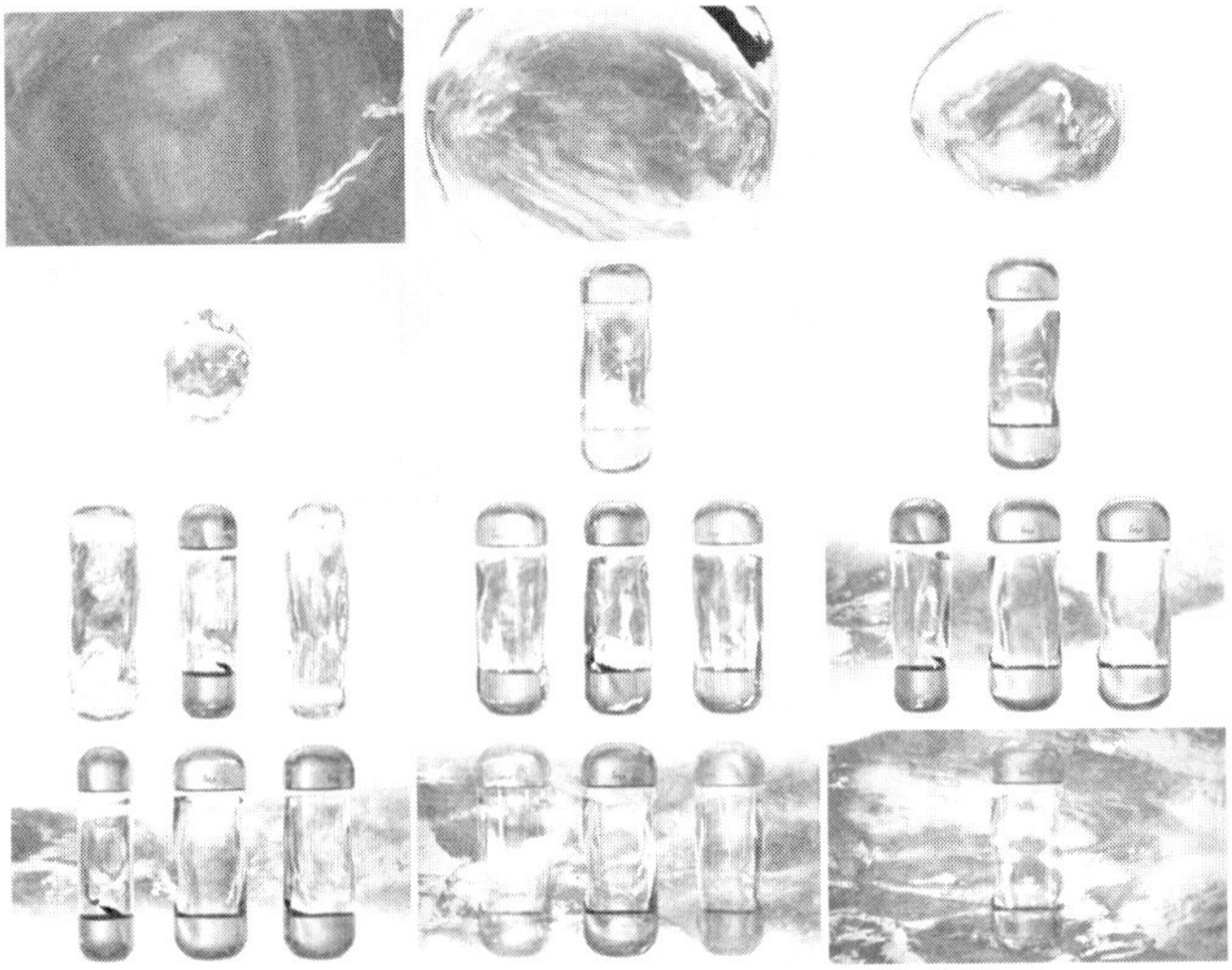

感じさせるけれども、自然物ではない。有機的だけれども、化学的なイメージも伴う。CGでしか表現できない。そこがこのビジュアルのオリジナリティをつくり出しています。

制作したムービーは主にイプサの店頭で流しました。この動画はあくまでもイメージビジュアルなので、CMのような明確な起承転結があるわけでもなく、環境音楽のようなBGMが添えられているのみで言葉は一切介在しません。文字や音声で積極的に説明するよりも、空間の一部のように流れているほうが環境としては気持ち良く、その空間を介してビジュアルに託したイメージもそれとなく伝わります。そういう上質なコミュニケーションを目指してつくりました。

このムービーによって、言葉を介さずに多くのことをお客さまに共有いただいたと感じています。そこからこの商品の快進撃が始まり3年でアジア一の販売数を誇る商品へと成長しました。

ビジュアルとしての商品と空間

私は商品や空間のデザインを行う時でも常にビジュアル（一つの視点からフレームで切り取った画面）としてどのようになるか？を意識してきました。なぜならばそれらは多くの場合ビジュアルとして記録されたり伝達されたりするからです。この本においても商品、空間はあくまでビジュアルとして共有され、そのもの自体やその空間を実際に体験していただくことはほぼ不可能です。ですからビジュアルをつくるというのはそれ自体をイマジネーションで創作するという側面と別に、ものやことや空間が情報化されることに対処するという側面を有しています。

ですので空間においてその体験者にどの場所でどのような視点を持たせるかを計画します。商品のデザインにおいてもどのアングルから写真を撮ることが最適であるか、ＰＲ記事などで任意に撮影が行われる際にも他の商品の中にあってどのようにビジュアル的に存在感を出せるか？そのためには何を施したら良いか？について考察します。それらは商品や空間のデザインにおいて本来主たることではありません。しかし私が関わってきた仕事の範囲が常にマスコミュニケーションを伴う前提であったことから、それらは情報化においてはとても重要であると感じてきました。SNS時代になり、マスでなくても常にすべての事柄が情報化の素材となりうる状況においては、ビジュアルとしてものや空間を捉えることはもちろんさらに求められているのだと思います。また受け取る人たちがスマホの画面越しに見る景色が前提となり、まさにすべてがビジュアライズされたかのような錯覚を生じかねない時代になってきたと感じています。

ビジュアルの持つインパクトは、有用に活用する必要があります。そのことが嘘を真実のように感じさせてしまったり、マイナスなエネルギーの発信に加担してしまうことは避けなくてはいけません。誰もがビジュアリストとなり得る今日において、私たち専門家が発するビジュアルというものの意味やありようがあらためて問われると感じています。

6章

空間をつくる

空間でしか共有できない〝体感〟を創出する

デザイン分野の一つに空間デザインがあります。私はパッケージやビジュアル以外に空間をデザインする仕事も手掛けてきましたが、空間デザインをインテリアデザインやランドスケープ、建築などの領域から成る分野だと考えると、それらとは少し違うように思います。私が行ってきたのは「空間をしつらえることにより、体験的なコミュニケーションを生む」ことです。舞台の演出はそれに近いかもしれませんが、舞台は空間がビジュアライズされ、観客の向こう側にあるのに対し、私がイメージしているのは、自分や観客が舞台の中に入って一緒に演じるような空間です。

空間には目に見えているもの以外にも、音や温度、空気感など、伝わってくる情報が沢山あります。五感の中でも視覚的な要素はわかりやすいのですが、それ以外の要素も実際には働いているので、人が空間にいる時は、意識せずとも複雑なセンサーで常にそれらをキャッチしていると考えられます。私が空間にアプローチするのは、視覚的なことだけでは伝わらないことを伝えられる方法論だからです。平面にはない奥行き感や臨場感を生かし、いろいろな要素で働きかけることにより、その場でしかできない体験を生み出せることが、私にとって空間という媒介が持つ、他にはまったく代えることのできない意味です。

私が空間的なアプローチを始めたのは、パリにいた頃のプレス発表会が発端でした。パリではプレスの力が圧倒的に強いため、企業がプレスを非常に重要視している点が日本とは大きく違うところです。日本でもメディアは力を持っていますが、情報を出す側と情報をつなぐ側とが共同体のような体質と化しているように思います。パリのプレスにも共同体的な側面はありますが、日本よりもっと批評的なので、自ずと見る目も厳しくなります。いいものはいい、良くないものは良くないとはっきり批評し、いいものは取り上げ、良くないと思うものは取り上げない。『ヴォーグ』に広告を打っているからとか、そういう対外的な評価軸ではなく、そのもの自体の価値を見て判断する。それが、私が感じたパリのメディアのありようです。

プレス発表会は、新しい商品やサービスを初めて世に情報として発信する場です。今のようにSNSがなかった時代は、プレス発表会は唯一の情報源で、そこからプレスを介して情報が世の中に広がっていくという仕組みでした。そのため新商品をプレスにどうお披露目し、どう伝えるかは、今とは比較にならないほど重要なイベントでした。そこで私がプレス発表会の会場をつくるにあたり重視したのは、商品の世界観をいかに〝体感〟してもらえる空間を演出するか、ということです。その事例をいくつか紹介しましょう。

フレーミングされない特別な時空間を
——「BASALA」「オイデルミン」プレス発表会

メンズ化粧品ブランド「BASALA（バサラ）」が1993年に発売された時、パリ、ミラノ、バルセロナ、香港でプレス発表会を行いました。「バサラ」は、荒くれ者ながら武術に秀で、高い美意識の持ち主としても知られた、南北朝時代の武将・佐々木道誉の異名である「バサラ大名」をコンセプトとしています。バサラはサンスクリット語で金剛石（ダイヤモンド）を意味し、その華やかさや日本的なイメージを赤いボトルで表現しているので、プレス発表会は「バサラ」を象徴する赤をテーマに据えました。

プレス発表会は会場のロケーションが大事なので、パリはギャラリー、ミラノはお城、バルセロナと香港はホテルを借りて行いました。会場周りの演出はロケーションの特徴に合わせて変えましたが、会場の中は空間全体を赤で埋め尽くし、そこに赤い商品を並べ、ブランドの世界観を感じ取ってもらえるようなしつらえにしました。日常的に四方を赤に囲まれることはそうないと思うので、それだけで独特の雰囲気が味わえます。その中にコンセプトワードが1個1個書かれたプレートを並べ、「バサラ」のイメージする男性像を綴った文章や、エモーショナルに働きかける火や水など有機的な要素も取り入れ、ストーリーが感じられる構成にしました。グラフィックと違い、空間では時間的な演出も物理的な演出もできるので、視覚だけで得るものよりも世界観が複合的に広がっていく利点を、余すところなく生かすことを考えました。プレゼンテーションもこういう空間の中で行うと、その世界を体験しながら聞くことになり、内容に説得力が増します。

一番大掛かりだったのは、最後に行った香港です。香港島のホテルが会場だったので、プレスの人が乗った車がホテルに到着する時間を見計らい、夕暮れのちょうど日が沈む夕

SHISEIDO
BASALA

イミングで、庭から会場に続く道の両脇にふわーっと火が灯るという、映画のセットのような仕掛けを施しました。車を降りた瞬間から異空間への導入が始まるので、火の間を通って会場に行くまでの間に、期待感が高まるような時空間にしたいと考えたのです。

さらに言うと、イントロダクションはインビテーションから始まっているので、どうすれば来たいと思ってもらえるかデザインを吟味してつくりました。帰り際に手渡すお土産も、箱にセットしたプレスキットをオリジナルの風呂敷で包み、「バサラ」の世界観を持ち帰ってもらえるよう工夫しました。プレスは最先端の情報を常に求めていますし、いろいろなブランドの商品を見ているので、感度が高い人たちばかりです。そういう人たちが驚くようなことをしたいという思いは、この時だけでなく常にありました。

「オイデルミン」のプレス発表会は、1997年に銀座8丁目の昔の資生堂パーラービルで行いました。改装のために取り壊すことが決まっていたので、ビルが全部空になったタイミングを利用したのです。銀座通りに面した入り口や1階のファサードウィンドウに、オリジナルフォントの商品名や現場の住所、西暦などを「オイデルミン」のデザイン上の特徴である鏡文字であしらい、会場内には商品の赤い色や細長い形を象徴する赤いラインを要所に用いて世界観を表現しました。またこれに関連し、日本橋三越1階の吹き抜けの中央ホールでもインスタレーションを行い、本社ビルや大阪ビルのウインドウディスプレイでも今までの100年とこれからの100年を西暦の数字で視覚的に表現するという同じコンセプトをそれぞれの環境に合わせてしつらえました。

ウィンドウディスプレイは資生堂に昔から根づいているカルチャーの一つです。ウィンドウディスプレイも空間ではありますが、ガラスの向こう側にあるという点では舞台に近いと言えるでしょう。自分としてはその中に入って行くほうがより伝わる感じがしますし、見るより体感するほうが自然な感じがします。

フレーミングして物を見せるのは、そこですでに切り取っているので、自然な状態とは言えません。日常は自然な状態ですが、舞台やウィンドウディスプレイはそれを意図的に切り取り、そのフレームの中でつくり上げられた特殊な状態です。もちろんそれによってパワーが生まれるわけですが、私はもっと自然で、もっといろいろな感覚を総動員するよ

1984 1989 1994 1999 2004 2009
1995 2000 2005 2010
1996 2001 2006 2011

うなことをしたい。それができるのは空間だけです。人は常に空間の中に存在しています。空間の中で伝わることは一番情報が多いので、その一番情報が多い状態で共有したいという思いがあります。

ブランドのコンセプトを体感するショップ
——「qiora」ニューヨーク店

資生堂「qiora（キオラ）」は、香気成分が心と肌に及ぼす作用に着目してつくられた化粧品ブランドです。1998年に、21世紀にアプローチする商品という位置づけで発売されました。それまでの成分による肌への効果を追求した化粧品とは異なり、吸引する成分と塗布する成分の相乗効果により肌への働きかけを考えた、まったく新しいコンセプトの商品です。

その同じ年、東京・六本木のオリベホールで「美と知のミーム、資生堂——創ってきたもの、伝えていくもの」展が開催されました。「キオラ」が発売される数カ月前のことです。資生堂が洋風調剤薬局として創業してから126年の歴史を展覧会という形で総括したものでした。資生堂の足跡をたどりながら、化粧品と人の歴史との関係を考察した展示構成です。長い歴史を俯瞰した後、展示の締めには、未来を展望したコーナーが設けられていました。資生堂と化粧品の未来をプレゼンテーションするものとして、21世紀の化粧品を標榜して開発された「キオラ」以上にふさわしいものはありませんでした。

しかしこの時点で「キオラ」はまだ世に出ていないため、製品として見せることはできません。製品のない状態で、どうすれば「キオラ」のメッセージを伝えることができるのか？考えた末に思いついたのは、21世紀を予感させる空間に、「キオラ」のエッセンスが滴り落ちる仕組みをつくるということでした。ブランドカラーの青に包まれた、揺らぎのある細い通路を歩いて行くと、薄明りの中に小さな丸いテーブルが一つ現れ、その上から「キオラ」の雫が落ちてきます。テーブルには「手をかざして、この液体を手に取り、香りを嗅いでください」というメッセージを添えました。製品について具体的なことは何も語れないので、体感してもらうことで「キオラ」のコンセプトを伝えたいと考えたのです。

肌につけるだけではなく、成分を吸収する。そこが従来の化粧品との違いを端的に表した最も重要なポイントだったので、その1点にフォーカスして体験のための空間をつくり上げました。

「キオラ」のプレス発表会は、この展覧会が終わった直後に六本木で行いました。青をテーマに、薄暗い会場の中に青いライトボックスを置き、そこに商品を並べ、映像を流しました。イメージしたのは海底のような空間です。ソファを置き、座って実際に商品を試しながらプレゼンテーションを聞いてもらうという、文字通り体験型の発表会です。空間の心地良さもゆっくり体験してもらえるよう、プレスの人には時間差で少人数ずつ来ていただきました。

その後、ニューヨークに「キオラ」の店舗をつくることになり、この時も空間デザインを担当しました。「キオラ」は自然な心地良さや有機的な揺らぎをテーマにした製品なので、そのイメージを店舗空間にも取り入れたいと考えました。一番の特徴は、間仕切りに布を使っていることです。真っ白い部屋に、天井から床まで透け感のあるブルーの布を、オーロラのような曲線を描いて吊るし、空間を仕切ってカウンセリングブースをつくりました。シアーな布なら囲まれても壁のような圧迫感がなく、それでいて独立した空間も確保できます。壁にはクリアな陳列棚を取りつけました。透明で目立たないので、商品を並べると白い壁を背景に、パッケージのブルーが浮いているように見えます。こうしてブルーの色や透明感、有機的な素材や曲線など、商品のコンセプトをそのまま空間に表しました。商品パッケージ自体が、ブランドのコンセプトを色や形や質感などに落とし込んだデザインなので、そのイメージをそのまま空間に広げることが最適と考えていました。

スタッフが着用する服もオリジナルでデザインしました。仕切りに用いた生地と親和性の高いシアーな素材のブルーの服で、一人ひとり異なるデザインです。彼女たちが空間の中を動く風景もプレゼンテーションの一つであり、お客さまの体験として一貫した「キオラ」の世界観を感じてもらうためにもスタッフの身なりは大切です。またこの店舗は壁がガラス張りで、外のメインストリートから見えるロケーションだったので、道行く人へのプレゼンテーションも意識して全体をつくり上げていきました。

この店舗は、天井をはじめ目に見えるところに照明器具が一切ありません。なぜかと言うと、壁がライトボックスになっていて、時間により屋外との明るさの関係で照度が変わ

る仕組みになっているのです。通常、室内の照度は一定ですが、私が考えたのは、外の光の印象がそのままその空間にあるような、屋外と屋内が違和感なくつながった自然なありようの空間です。屋外が明るい時間帯は屋内も明るくしておかないと、店に入ってきた時に暗く感じてしまいます。反対に屋外が暗いのに屋内に煌々と明かりがついていると、入ってきた時にまぶしく感じてしまいます。そこで外の光の具合により、一番心地良いと感じられる明るさに変化するようにプログラムしました。店に来たお客さまは、誰もそのことに気づきませんし、明かりの存在を意識することもありません。気にならないということは何よりも心地の良い状態と言えるのです。

「キオラ」はパッケージデザインの段階から、コンセプトワードに「experience」を掲げていました。体験に勝るものはないと当時の私は考えていたので、体験的な価値を生むことを重視していました。空間はもちろんですが、商品自体、さらにはビジュアルでも体験的な価値を生み出せないか？ そう考え、『ニューヨーク・タイムズ』に広告を掲載することにしました。もちろん普通に打った広告を、ただ見るだけでは体験までには至りません。

そこで私が立てた戦略は、カラーの8見開きで載せることでした。タブロイド紙とは違い、『ニューヨーク・タイムズ』は版型が大きいので、見開きで8面続けば、何度も紙をめくるという動作も含め、単なる広告を超えた印象をもたらすことができるのではないかと思ったのです。

空間には空間にしかできない体感がありますが、体感が得られるのは空間だけではありません。先ほど話したインビテーションにしても、インビテーションという物理的なものを受け取ることによって、そのカードのしつらえや紙の質感などを通じ、体感的なコミュニケーションが生まれます。そのマックスな状態が空間であり、新聞を開いて何ページも繰って見るという体験は、ある種、空間的とも言えるのではないかと思います。

プロジェクトは予算が潤沢にあればいいというものではなく、大事なのはどこにお金をかけるかです。「キオラ」の場合、ショップはもちろん販売を行うお店であると同時にブランドのショールームであり、またマディソンアベニューに面した2フロアのファサードは大きなビルボード広告でもありますので、複数の役割を考えれば効率的な費用の投下ではないかと考えます。また先に『ニューヨーク・タイムズ』の広告の話をしましたが、こ

れも実は この1回だけで他はほとんど出稿しませんでした。もちろんこれも予算に起因しますが、限られた予算を最適に用いることを考えた結果です。

また「バサラ」のプレス発表会は、大掛かりでコストがかかっているように見えるかもしれませんが、広告代理店を介さず、企画からロケーション探しの手配まですべて自分で行い、タレントも起用していないので、予算はミニマルでした。お金をかければ面白いことができると考えるのは誤りです。予算と人は、多いより少ないほうがいい。制約があるほど工夫してクリエイティビティが発揮されるので、より良いものができます。

既存のシステムから逸脱する
――森下唯「演奏空間体験」

これは仕事ではありませんが、自社のプロジェクトとして「演奏空間体験」というイベントを自分たちで企画・運営したことがあります。森下唯さんというピアニストの生演奏を聴いて、私自身が衝撃を受けたことがきっかけでした。感動というより文字通り驚きで、人生の中で演奏を聴いてあんなにびっくりしたことはありません。森下さんは、超絶技巧ピアノ楽曲の作曲家として知られるシャルル゠ヴァランタン・アルカンの曲を得意とする方で、その会場は公民館のような多目的ホールで音響が良くないにもかかわらず、圧巻の演奏でした。

自分のこの感覚を人に伝えたいと思いました。しかし驚いたと言ったところで、相手には何も伝わらないでしょう。これが絵であれば、その絵を見せて言葉を添えれば伝わるかもしれません。しかしその場で聴いた演奏は、物理的には何もないので伝える術がありません。楽曲自体は彼のCDで聴くことができても、私が会場で聴いた演奏とは空間も音の響きも違うので、同じ曲であっても何らつながりません。つまり楽曲の問題ではないということです。それでも何とかしてこの体験を他の人にも知ってほしい、知らないのはもったいないと思ったので、それなら自分と同じように生で聴いてもらおうと森下さんに相談したところ快諾を得ました。

会場は銀座のヤマハホールを借りました。資生堂からほど近い場所にありながら、ヤマ

本日は年明け2019年1月23日（水）の演奏会へのご招待をお伝えしたく
ご連絡いたしました。

昨年末、私は衝撃的な体験をしました。
森下唯という若い音楽家によるピアノ演奏空間の体験です。

それは私にとってゴッホの『ひまわり』の実物を初めて見た時、
平野敬子の鉛筆画を知った時に並ぶ、人生で3度目の特別な芸術体験でした。

しかしこの体験は言葉をいくら連ねても1%も伝達できません。
私に何ができるかと考え、縁ある方々に森下唯の演奏空間を体験して
いただく機会をつくりたいと思い至り、この度CDL主催の演奏会を
開催することといたしました。

私は本当にたまたま縁あってこの体験をしましたが、少し何かの
タイミングがずれていれば、未だに彼の存在を知らなかったでしょう。
おそらくこの機会がなければ、ほとんどの方が森下唯の演奏を
一生体験しないのではないかと思います。
同時代の日本でそれは全くもったいないことだと感じています。

お忙しいことと存じますが、できればその貴重な時間を少しの間
彼の演奏に委ねていただけないでしょうか。

またご家族やご友人など、ご一緒いただける方がいらっしゃい
ましたら大歓迎ですので、ぜひお声がけいただければ幸いです。
メールにて人数をお知らせください。

会場にお越しいただけますことをこころよりお待ちいたします。

………………………………………………………………

「森下 唯　演奏空間体験」

- 出演：森下 唯（ピアノ）
- 日時：2019年1月23日（水）
  開場：18:00
  開演：19:00―

- 会場：銀座ヤマハホール
- 主催：コミュニケーションデザイン研究所｜CDL

ハ銀座ビルの中にホールがあることはこの時初めて知ったのですが、雰囲気も音響も素晴らしく、アクセスの良さも申し分ありません。客席数は1階と2階を合わせて333席。自分が開催しようとしている演奏会に対して、333席という数字が多いのか少ないのかわかりませんでしたが、すぐに予約しました。

次は招待状です。知り合いを集めたリストをつくり、演奏会を開催するに至った経緯と、ぜひ皆さんにも経験していただきたいという思いの丈を綴ったメッセージを、メールで一人ひとりに送りました。300人も来てくれるのか懸念はありましたが、「ご家族やお友達でご興味のある方がいれば、ぜひご一緒に」と添えたところ、当日は満席になりました。こちらがお願いして来ていただいているのですから、もちろん無料です。「貴重な時間を使って来ていただくことになりますが、私の経験で言わせていただけば、その時間はきっとプラスになると思います」ということも、あらかじめ伝えていました。

演奏会のタイトルをどうしようか考えた時、リサイタルという言葉はピンときませんでした。一般的なリサイタルのように、その演奏に対していくばくかのお金を払って聴きに行くという形式ではありませんし、演奏を〝聴く〟というのとも違う気がしました。私が皆さんに伝えたいものは、音でもなく、視覚でもない。「演奏空間体験」というタイトルは、まさにそうとしか言い表せなかったのです。ロゴは平野がデザインし、来場客に付けていただくバッジなどもつくりました。

日本のコンサートホールのエントランスはCDを売る、やや即物的な場というイメージがありますが、ヨーロッパでオペラやクラシックコンサートなどを聴きに行くと、必ずレセプションとして軽食やシャンパンなどが用意されています。開演前や幕間にそこで食べたり飲んだりして過ごし、また舞台の世界に戻る。ホールはただ音楽を聴く場所ではなく、それらを一続きで楽しむ空間なのです。「演奏空間体験」ではそういう体験をしてもらいたかったので、知り合いのソムリエやケータリングのシェフと相談し、シャンパンやワイン、30種類ほどのフィンガーフードのオードブルを用意しました。その意図が伝わったのか、開演前からとても賑わい、皆さん楽しんでくれている様子でした。余談ですが、私は撮影の時も仕出し弁当ではなく、ケータリングを頼みます。撮影の現場をどういう風にしつらえるかはディレクターとして大事なことで、それはこのレセプションにも通じます。

プレス発表会も演奏会も、もともとはクリエイティブのテリトリーではありませんでした。しかしそこにクリエイティブが貢献すれば、より良く伝わる可能性があります。既存のシステムの中では埋もれてしまうことも、違う方法なら共有できるというケースが、世の中には沢山あります。既存のシステムに則りつくったものは、安全ですが、最善とは限りません。ＳＮＳの時代になり、その辺りはだいぶ緩和されているのかもしれませんが、従来と違う紐づけ方によって見えてくることや触れられることを、今後も模索していきたいと思っています。

7章

環境をつくる

クリエイティブだけに集中できる場を持つ

ここで言う環境には大きく二つあります。立地や建築的空間などの物理的な環境と、仕事をする上での人との関係性によって成り立つ環境です。私にとってはどちらもクリエイティブに重要なので、偶発的な出来事も味方にしつつ、自分が理想とする環境をつくってきました。

まず物理的な環境からお話しすると、現在のCDLは元赤坂の国道246号沿いにあります。元赤坂で2カ所目のオフィスです。東京の東西を横断する中心の道路ともいうべき246が、フロアの窓から見下ろせるロケーションです。2012年にここに会社を移転しました。内装は後で何とでもできますが、立地はいかんともしがたいものですし、意識しているか否かは別として、立地が人に与える影響は大きいと思うので、この環境は私たちにとって大きな意味を持っています。

元赤坂に移転前の会社は、水天宮にありました。もともと前身のHIRANO STUDIOが

借りていたところで、6年ほどそこをCDLの拠点としていました。水天宮は、今の事務所の場所とはまったく違う、下町特有の長閑さがあり、そこはそこで気に入っていましたが、東日本大震災がありビルを取り壊すことになってしまったのです。ちょうどその少し前から鹿島建設の仕事をしていた関係で、本社のある元赤坂に伺う機会が多く、その縁でこの地に会社を移すこととなりました。ここに来てから新しい仕事がいろいろ始まり、水天宮時代とは取引先も変わっていったので、場所と仕事はやはり無関係ではないのだと思います。

このビルにはCDL以外にもう一つ、私が運営するイメージコンベイサービス（ICS）という会社があります。二つの会社を運営するに至ったのは、自分たちの理想とする仕事環境をつくるためでした。

初めは平野と興したCDLの運営しか考えていませんでした。しかし自分たちが思うCDLの成り立ち方や、何をする場所なのかということを考えた時に、アシスタントや経理のスタッフがいるという成り立ち方には違和感がありました。それだと組織としても、客観的に見ても、普通のデザイン事務所と変わりません。対外的な契約などの便宜上、株式会社にしてはいますが、コミュニケーションデザイン研究所と名づけたように、もともと私たちはデザイン事務所をつくりたかったわけでも営利目的の会社をつくりたかったわけでもなく、新しいものを生み出すための実験的な試みの場を持ちたかったのです。ですからフォーマットに則ったような、決まりきった成り立ち方には疑問がありました。

外からは会社に見えても、中にいる自分たちの気持ちはまったく違うので、それは大事なことだと思います。一種の反骨精神なのかもしれませんが、決まりきっていることというのは、クリエイティブには大抵ポジティブには働かず、マイナスに作用することのほうが多いものです。それはデザインの仕事に限らず、何かを創造的に進めようとする時、決まりごとは往々にして邪魔になります。

会社組織は物事を運用していく上で最低限必要なインフラとして存在していますが、一つの会社ですべてをつくり上げることはできませんし、その必要もありません。そこで組織の役割を自分たちなりに明確化したいと思い、新たに設立したのがＩＣＳです。会社はどこも複合的な物事を動かし、多様なインフラを持って成り立っていますが、ＣＤＬはディレクションとクリエイション、デザインの中核を成すものだけを司る組織にしたい。納品できるような形のあるものに限らず、ディレクションなど形のない抽象的な物事に対する価値を可視化することに重きを置きたいと考え、クリエイションのコアを実際に落とし込んでいく時に発生するスケジュール管理や経理などの実務的な機能は、すべてＩＣＳが担うようにしました。本来ならば、全部の機能を一つの会社が担っているほうが効率はいいのかもしれませんが、役割を分割することにより、クリエイションというものを一つの存在として際立たせたいという理想がありました。

それでも現実的にものをつくり上げるとなると、より専門的な分野の技術や知識が必要になります。ＩＣＳにそういう人材をスタッフとして採用することもできますが、私たちが求めているのは「できる」という程度の技術や知識ではなく、プロフェッショナルとしての専門性です。仕事は常に、限られた時間やコストの中でベストなものをつくらなければいけません。例えば映像や店舗をつくることになった時、専用のソフトが使える、編集ができるというスタッフに頼むより、その専門性をプロとして発揮できる外部の人たちと組んで仕事をするほうが、余計な手間や時間がかからず、確実にいいものができます。

ＣＤＬは平野と私の2人だけで、それ以外の人は、私の事務処理のサポートやスケジュール調整をしてくれるスタッフも含め、全員ＩＣＳの所属です。ＣＤＬは、基本的に一切の妥協を許さないというスタンスで仕事をしています。組織として運営していくためには、ある程度の妥協や協調は必要だということも、もちろんわかっています。同じスタンスを他人に求めることには無理がありますし、求めようとも思っていません。ですからそれを別の場所に置いておくために、ＣＤＬにおけるクリエイティブは一切の不純物を混ぜられない、平野と私の中で絶対的なものとして存在させたいのです。

互いへのリスペクトが関係を育む

ＣＤＬで手掛けている仕事は、ある意味、範囲が狭いと思います。自然にそうなったのか、自分たちが無意識のうちに望んでいたのかわかりませんが、おそらく後者でしょう。

何でもやれるというスタンスには立たず、やれることを自分たちなりにセグメントしてここまできた気がします。それでも案外運営していけるもので、仕事の量や範囲などがいいところでバランスが取れている環境が、一番クリエイティブが発揮できるのでしょう。もっと範囲を広げたり、量を増やしたりすれば、おそらく自分たちのクリエイティブとうまくコネクトできなくなると思います。そもそも幅広い仕事をしようとしても、本来人はそれほど幅広いことに対応できないのではないでしょうか。どんな業界のこともできるというのは不自然ですし、どこかに無理や誤魔化しがあるような気がします。

私はむしろデザインにおいて1人が請け負う範囲は、工芸のようにどんどん狭くなっていくのではないかと思います。木工作家が染色をすることは稀でしょうし、漆工であれば木地師、下地師、塗師、蒔絵師など分業体制で各工程のスペシャリストがいます。デザインやコミュニケーションのありようも同じで、1人で幅広く多様に手掛けて、果たして本当に価値のあるものをつくり出し得るのか？そういうことに対し、私はもっとおそれを持ったほうがいいと思います。ある程度のレベルで幅広く手掛けるよりも、一つの分野を深く突き詰め、高度な専門性を持つ人同士が組んで仕事をし、めいめいが自分のパフォーマンスを発揮すれば、より質の高いものを生み出せるのではないでしょうか。

一つ問題があるとすれば、日本では専門性をいい形につなげていくようなプロデュースをできる人が少ないということです。プロジェクトを進めるにはさまざまな分野の専門家が必要です。個々の専門家が個々のサプライヤーから依頼されるだけだと、それぞれの範疇のことしかできませんが、その技能をつないで一つのプロジェクトとして動くことができれば、ものづくりの可能性はもっと広がります。しかしそのつなぎ役を担う人が日本にはほとんどいないため、広告代理店に任せるケースが多くなるわけですが、そこにかかる費用や人との結びつき方などを考えると、代理店に依頼することがクリエイティブに必ずしもプラスに働いているとは思えません。

つなぎ役は、それをつくることの価値がわかる人でなければうまくいかないので、クリエイティブの人であるほうがいいことは間違いありません。しかし、つくる人は自分のクリエイションに集中したいものなので、それ以外のことはしたくないと思うかもしれません。そこをどれだけ広い観点で関われるかということになります。作曲家の三枝成彰氏は、楽曲をつくるだけでなく、ある時期、制作プロデュースも積極的に行っていたと聞きました。本来なら作曲に専念したいであろうところを、1作につき何億ともいわれるオペラの上演費用を集めるため、自ら資金調達や出演交渉まで行っていたのです。もちろん誰かつなぎ役の人がいて、すべてお膳立てしてくれれば、作曲家自ら奔走する必要はないでしょう。しかしそれを請け負ってくれる人がいないのであれば、上演実現のためには自分で動くしかありません。

個々の専門家をネットワークしてプロジェクトにあたれるようにするには、オーガナイズする人のクリエイティブに対するリスペクトが不可欠です。つくる内容をきちんと理解し、それを尊重する観点がないと、結局、いくらでできるかというお金の話に終始してしまいます。そういう価値観の中にものづくりの仕事が吸い込まれていくとすれば、それはオーガナイズする人とつくり手、双方の責任だと私は思います。

私が長年手掛けているイプサの仕事は、写真やインテリア、映像、造形などさまざまな分野の専門家が集まり、10人ほどのチームで動いています。案件により印刷がメインだったり、映像がメインだったり、必要とされる範囲はそのつど違うので、それに合わせてチームの組み方は変わりますが、この体制で仕事を始めてかれこれ20年近くになります。メンバーの中には私が資生堂にいた頃からの付き合いの人や、会社に所属している人もいますが、その会社と仕事をしているというよりは、個人と仕事をしていると私は思っています。私の理想を言えば、一緒に仕事をする人たちには自分の延長線上にいてほしいと思っているので、スキルはもちろんですが、平野と私の感覚や目指すレベルを、説明しなくてもコンセンサスしてくれる人たちが、社内外関係なくいるということは非常にありがたいことです。社内のスタッフはある程度経験を積んだら、別の場所に移ったり独立したりするのが一般的ですが、独立したスタッフの中には、今はチームのメンバーとして一緒に仕事をしている人もいます。

こういう関係性が成り立つのは、私だけでなく、チームの一人ひとりがそれぞれの専門性をリスペクトしているからです。その人にしかできないことがわかっているから頼んでいるのであり、その信頼や期待に応えてくれる人たちへのリスペクトがなければ、いいクリエイティブは生まれません。日本の撮影現場は独特で、フォトグラファーの立場が強いため、ディレクターの中には最初からディレクションをせず、フォトグラファーの感性や作品性に委ねてつくるというスタンスの人もいるようです。もちろん、頼んでいる時点でそのフォトグラファーのセンスも作品性もわかっているので、ある程度は委ねるとしても、チームとして臨む以上、ディレクションに則った上で撮ってもらうというのが前提だと私は思います。その昔、私も現場でフォトグラファーと衝突したことがあるので、おたがいの専門性に対する信頼やリスペクトがない関係性の中で仕事をすることの難しさや、コミュニケーションが十分ではない中でものがつくられることの限界はわかっているつもりです。

フランスの撮影現場では、ディレクターは責任者として存在感が強く、役割もクリアでした。フォトグラファーは写真の仕事の範囲でベストを尽くし、ディレクターは方向を示しジャッジする。それはお互いが自分の責任をちゃんと取っているということでもあります。写真の現場だけでなく、インテリアをつくるにしても、CGをつくるにしても、どんな場所でも同じです。それぞれが自分の専門に対する自負があり、自分の感性で仕事を成立させるような人たちばかりなので、当然そういう現場のディレクションは難しいものですが、それが成立するのはお互いに対するリスペクトがあればこそでしょう。「普段の仕事なら自分の役割はここまでだけれど、この人たちとやる時はこういうスタンスで、自分の持っているスキルを出し切ろう」という一朝一夕では築けない関係性が、そのチームでしかつくれないクリエイティブを可能にするのです。

クリエイティブは「誰がつくるか」がすべて

仕事はどれもチームで取り組んでいるので、ほとんどの工程が共同作業ですが、唯一、商品のデザインを進める工程だけは1人で完結しています。そこの時空間だけ人が入ってこないでいてくれるのは、私にとってはありがたいことで、クリエイティブにとってもいい環境だと思っています。

ものづくりは、マスプロダクトにするために合理化していますが、本来は人の手で、1人でつくる以上のものはありません。合理化して効率的に生産できるほうが、つくり手側のビジネスとしてメリットが大きいだけで、買い手や使い手にとって良いことは特にないのです。理想を言えば、1人でできるに越したことはありません。しかし現実的には1人だと難しいので、2人、5人、10人という規模で行っているわけです。受け取る人にとって最善のクリエイティブをそこに込めるのであれば、少数精鋭に限ります。

日本ではディスカッションと称して何かと議論しますが、実際には制作とは関係ない、いろいろな立場の人が集まり、さまざまな事情を慮って行われる議論は、クリエイティブのレベルを上げるという点においてはまったく意味がありません。

もしもデザインを必要としていて、誰に頼んだらいいかわからないという方がいらっしゃれば、ぜひ覚えておいていただきたいのは、ものをつくるということは、結局、誰がつくるかということです。これまでのデザインで納得できるような結果が得られなかったとすれば、頼むべき人に頼んでいないというのが主な理由だと思います。フランス料理のシェフに中華料理をつくれと言うのは無茶な話で、中華料理が食べたいのであれば、中華料理の一番美味しいと思う料理人に頼めばいいのです。お金が潤沢にあるなら、よりレベルの高い人に頼めますし、お金が少なければ、その制約の中で選んで頼むしかありません。

それは致し方ないことです。

今の時代は世界中の誰にでもクリエイティブを頼むことができます。それこそSNSでメッセージを送るだけで頼めるわけですから、後は依頼する側がどれだけ真剣に人選するか。満足のいく成果を求めるのであれば、誰が、どんな作品をつくっているのか、よく調べることです。そして、この人と決めたら、信じて任せることです。世界中のものを調べても、自分が求めるような人が見つけられなければ、誰かに頼んで教えてもらってもいいでしょう。しかし私が見る限り、最初から広告代理店やコーディネーションの会社や人に丸投げしている依頼主も多く、自分で調べようという努力や真剣さが足りないように思います。そういう人はきっと結局クリエイティブを重視していないのでしょう。

繰り返しになりますが、デザインは人によって決まります。当たり前のことです。しかし、それがわかっていない人がまだ多い気がします。コンペなどはその最たるものです。何人かのデザイナーに声をかけて、提案された中から選ぶというやり方は、人ではなく案を重視しているいい例です。重視すべきは案ではなく、人です。その人のつくったものを見て、その人に会って、その人に頼む。それができないということは、依頼する側に何をしたいかが明確にない証拠です。つまり、真剣さが足りないのです。

本来、出来上がったものは、つくり手その人でしかありません。もしそうではないものが出来上がっているとすれば、それは嘘であり、フェイクです。フェイクのつくり手に、フェイクのデザインを頼んでも、フェイクの結果しか生まれないので、そういうものは価値をもたらしません。もし頼むということに対して真剣なのであれば、本当のものを、本当の人に頼むほうが絶対にいい。お客さまの中にはフェイクと本物を見分けられる人も沢山いますし、何よりもつくり手自身がベストなものにしたいのであれば、偽物ではなく、本物をつくったほうがいいと断言できます。仮に偽物でもいいのであれば、そういう人に頼む必要があります。偽物の人が本物をつくれないように、本物の人は偽物をつくれないからです。結局、何をつくるにも人で決まるということです。

それを熟知している人の代表格が、ユニクロ代表取締役会長の柳井正氏でしょう。ユニクロのイメージにとって、クリエイティブディレクターとして佐藤可士和氏以上の人選はないと思います。ユニクロの初期のイメージを形づくり、優れたCMを多く手掛けたタナカノリユキ氏や、ナイキやマイクロソフトのブランディングで知られるジョン・ジェイ氏を起用していることにも感服します。何よりもすごいのは、その人のテリトリーにおいてその人を信じ切っていることです。チラシは柳井氏が自らつくるなど、クリエイティブをすべて任せるのではなく、あくまでその人のテリトリーの中で任せているところが非常に賢明だと思います。ご本人にお会いしたことはありませんが、おそらくクリエイティブに対する信頼と自身の経営に対する確信が、きちんと両立しているのでしょう。経営にデザインを取り入れることを考えている人は、こういう身近な成功事例をぜひ参考にしてほしいと思います。

デザインの仕事は、これまでは経験や実績で測られることが一般的でした。多くの場合はそれが適切なのだと思いますが、今の時代は経験や実績がさほど重視されていない気がします。昔なら経験と実績が絶対で、若いだけでチャンスを与えてもらえず、それが弊害の一つでもありました。しかし今は、ごく一部の特別な人に限られるとは思いますが、個人に才能があれば経験や実績は問わずに仕事が成り立ちます。特に新しい領域ほどその傾向があります。テクノロジーが進化した今、誰も経験したことがないようなクリエイションの可能性は山ほどあるので、20代の人と私の知識やスキルが何ら変わらないことも沢山あるはずです。

つまり何が言いたいのかというと、経験が生きる分野と、生きない分野があるということです。家を新築するのに、家を建てた経験のない大工に頼むことはまずしませんが、ユーチューバーになるのに経験は特に必要ありません。なろうと思えば誰でもなれます。しかし、チャンネル登録者数100万人の配信者になれるのは、ほんの一握りの特別な人たちです。

デザインは経験が生きる分野です。保守的かもしれませんが、経験や実績が生きるのであれば、私はそちらを重視したほうが手堅いと思います。もちろん経験より、突飛な発想や若い力を望むのであれば、そういう人に頼むのもいいでしょう。そういうことも一つの判断材料とし、納得できる人に責任をもって依頼することこそ大切なのではないかと思います。

デザインは人によって決まると書きましたが、さらに言えば結果はそれを取りまく環境によって決まると言えるでしょう。それは依頼主、そしてプロジェクトに関わるさまざまな立場の人たち。その関係性、信頼度つまりはプロジェクトの環境に大きく左右されるものだと思います。ですから、そういった意味でのより良い環境をつくっていくことが重要になります。

8章

ブランドをつくる

コンセプトを可視化する

私が考える「ブランドをつくる」というニュアンスを共有していただくには、漢字で表現すると少しわかりやすいかもしれません。

「つくる」という言葉には「作る」「創る」「造る」の漢字がありますが、「ブランドをつくる」に漢字を当てるとすると、私は「造る」がふさわしいと感じます。「作る」は、工作や料理のように、比較的規模の小さいものの印象です。「創る」は、創業や創造など0からの1のクリエイションを想起させるので、強い瞬発力のようなものを伴って感じます。それに対して「造る」は、物理的なものをつくるために適切な時間を要し、積み重ねていくうちに徐々に実体が現れてくるような印象があります。ブランドをつくるにはどうしても時間がかかりますし、イメージを一つひとつ積み重ねて世界観を成していくプロセスを考えると、「造る」が私にとっては一番しっくりきます。

では実際にブランドは、どのようにイメージを積み重ねてつくっていくのか。この章では、私の仕事の中で最も関係が長い「IPSA（イプサ）」を例に、具体的に紹介したいと思います。

まず、これまでの経緯からお話ししましょう。「イプサ」は、私が資生堂に入社して最初に担当した仕事の一つで、パッケージデザインディレクターのアシスタントという役割として4年ほど携わりました。その後、4年間パリに赴任していたので、その間は「イプサ」の仕事から離れていましたが、帰国後、すぐにまた担当することになりました。ちょうど翌年に「イプサ」のブランドデビュー10周年を迎えていた時で、全体のパッケージデザインをリニューアルすることが決まっていたので、かつて私がアシスタントとして付いていた先輩から、そのディレクター役を受け継ぐことになりました。その10周年リニューアルが、私がパッケージデザインのディレクターとして「イプサ」を手掛けた最初の仕事で、以降、資生堂を退職するまでの約9年間、ずっとパッケージデザインをディレクション、デザインしていました。

会社を辞める時は、自分が担当していたすべての仕事を手放すしかなかったので、そこ

ÍPSA

で一旦終了したのですが、2年ほど経った頃、ある商品のデザインをリニューアルするというタイミングで、イプサから直接ディレクションの依頼をいただきました。それがその後大ヒット商品となる「ザ・タイムリセット アクア」です。確か2007年のことだったと思います。そこからイプサの一部の商品デザインを手掛けるようになりました。

私が再び全体の商品をデザインするようになったのは2015年、パッケージデザインのトータリティーを高め、クオリティアップを図りたいという当時の「イプサ」の経営トップの意向によるものでした。そして翌年からビジュアルや店頭のありよう、さらにはオンラインのコミュニケーション、広報活動、プロモーションなどトータルなイメージの統一によってブランドの価値を高めたいという当時のマーケティング部長・弘永泰子氏の強い意向によってブランド全体のクリエイティブディレクターとして仕事を始めることとなりました。それを契機に、パッケージデザインにしか携わっていなかった時に、自分の中で気になっていたビジュアルや空間など、クリエイティブが関わることで改善が図れるであろう商品以外のすべての領域に関してディレクションを始めました。

「イプサ」は非常にコンセプチュアルにできているブランドで、デビュー以来、確たる考え方をずっと継続しています。生まれては消えていく、もしくは時代の中で方向性が変化していく化粧品ブランドが多い中で、40年近く変わらず基本のコンセプトを大切に守り続けている化粧品は稀有と言えるかもしれません。しかし、それが外から見るとよくわからないのが難点ではないかと私は感じていました。

「イプサ」はコンセプチュアルだったために、特に初期の頃は、一部の限られた人には受け入れられましたが広がらず、売り上げは伸びませんでした。そこで、コンセプトを謳うだけでは幅広い層に広がらないという社内の結論に至ったのでしょう。新製品の特徴を打ち出すなど、それまでは行っていなかった、化粧品によくある一般的なアプローチが加えられていきました。そうしていくうちに、コンセプトは変わらず持ち続けていながら、外から見ると他の化粧品ブランドと変わらないような印象のブランドになっていってしまったのです。

資生堂にいた頃は、あくまで資生堂の価値観ですが、売り上げが１００億円になれば一端のブランドだと言われていました。１００億円を達成するのはなかなか難しいことで、一般的には大体10年ぐらいかけて目指す数字ではないかと思います。「イプサ」は、私がディレクターを務めるようになった2016年時点では130億円でしたが、発売から30年近くかかっていることを考えると、成功と言えるのか微妙なところでした。ある程度の規模にはなったけれど、時間もかかった。さあ、これからどうするか？そんな状態でした。私は初期の頃から「イプサ」を見てきて、素晴らしいコンセプトを持っていることも、それがうまく広がらなかったことも、そして傍から見るとそのコンセプトがよくわからなくなってしまっていることも知っていたので、ブランドを強化するにあたっては、コンセプトを目に見える形にしながら広げていくためには何をしたらいいのか、という観点で考えることから始めました。

35年継続するコンセプトを再認識する方法
――メタボライザー

「イプサ」の商品ラインの中で根幹となるのが「ME（メタボライザー）」というシリーズです。化粧水と乳液の機能を凝縮した化粧液で、イプサ独自の肌測定やカウンセリングにより、17種類（現在は16種類）の中から今の自分の肌状態に最適な1本が選べるというコンセプトでつくられています。しかし私が「イプサ」全体のディレクションを手掛けるようになった2016年の時点では、そのコンセプトや、そもそも17種類あるということも、ユーザー以外の人にはほとんど認知されていませんでした。店頭に置かれたパンフレットには詳しく説明されていますが、手に取って見ない限りわかりません。

そこで私が提案したのは、店頭で「1／17」という数字を表記することです。商品に自信があるほど、つい中身や機能について語りたくなるものですが、化粧品の成分はどのブランドも大きな差はなく、どの成分がいいか悪いかなど、お客さまにはわかりません。結

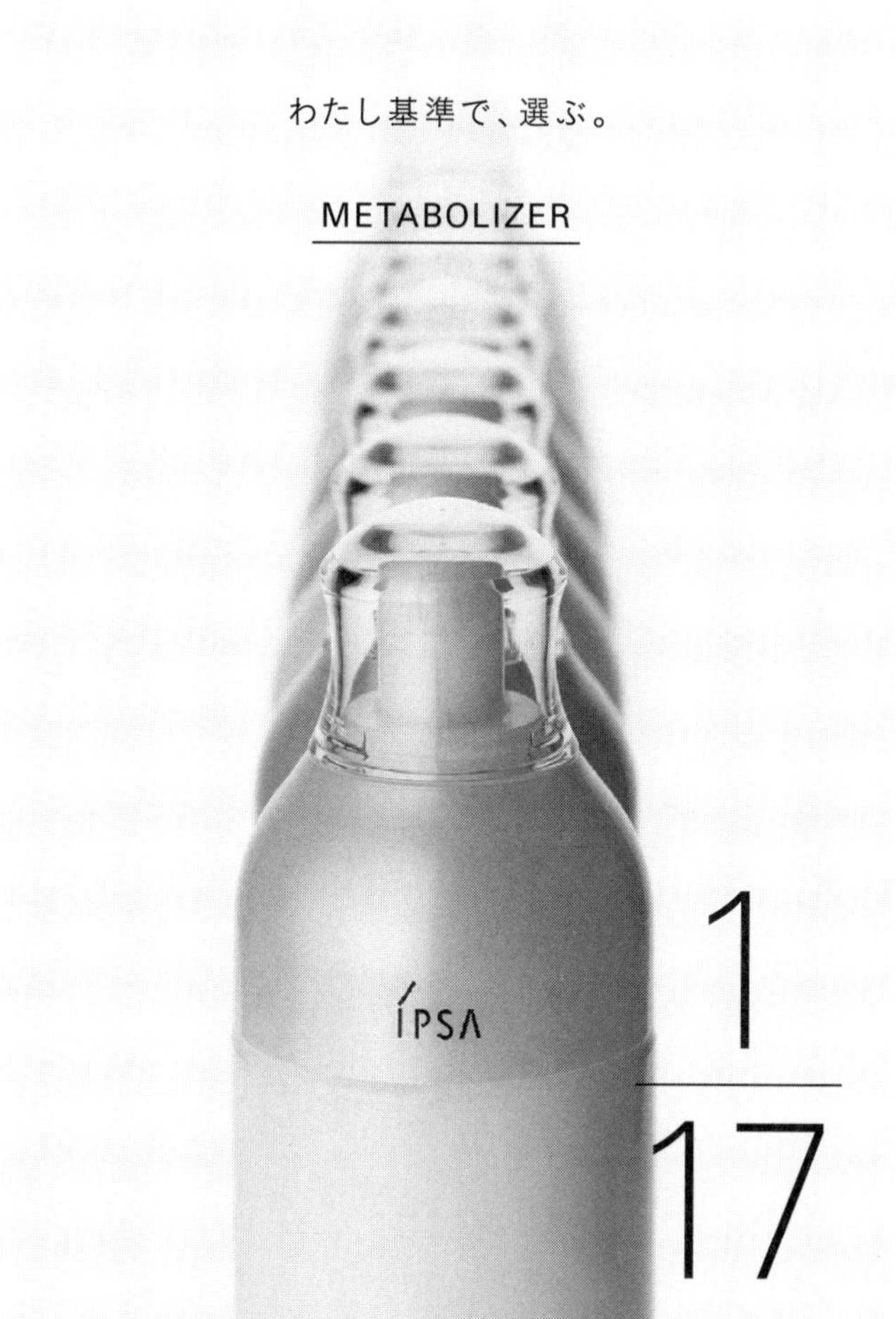
わたし基準で、選ぶ。
METABOLIZER
ÍPSA
1
17

局、特徴化できなくなり、お客さまの心にも響かないという結果に終わるのが落ちです。しかし17種類もある中から自分のために一番いいものを選べる化粧品ブランドは、他にありません。それならば、その最大の特徴を謳えばいい。無数にある化粧品の中でこの商品を特徴づける方法は逆にそれ以外にないと思いました。

早速、平野のディレクションで商品が沢山並んだ写真を撮り、そこに「わたし基準で、選ぶ。」というコピーと「1／17」の数字を入れたビジュアルをつくり、各店舗のコルトンディスプレイに飾りました。広告など、それ以外のことは特に何もしませんでしたが、売り上げは順調に伸びていきました。その後の調査でも、「沢山の種類の中から選べる」ということを認識してくれている人が増えていることがわかりました。ただ数字を表記しただけで、これだけ伝わる。コミュニケーションはこれぐらいシンプルでもいいのだと実感しました。

「ＭＥ」のボトルデザインも１９９６年から担当し、途中2回のリニューアルは離れていましたが8代目から再度担当し、現行モデルは9代目です。１９８７年に発売された時は、薬瓶から派生したクラシカルなデザインでした。今のようなデザインになったのは、

2017年に8代目をリニューアルデザインした時からです。一番の変化はディスペンサー型にしたこと。プッシュディスペンサーは、使う人にとっては便利でも、デザイン的には厄介な存在で、蓋を開けるとディスペンサーがついているという姿は美しいものではありません。それを避けるため、不格好な部分はすべて内側に収め、外からは見えないようにしました。このディスペンサーは構造が非常に複雑で、金型をつくるだけで何千万もかかってしまうような代物ですが、その構造や機能を中に隠し、ディスペンサーでありながらすっきりとしたデザインに仕上げています。

ボトルは非常にシンプルなデザインですが、ワンポイントで凝ったのが蓋の設計です。上部だけ樹脂が二重形成になっているため、レンズのように光を集めて繊細な輝きを放ちます。その光は置いてある時も、使っている時も感じるので、シンプルだからこそそんな繊細なディテールが大事だと考えています。

2020年に9代目をつくる時は、製品分類の変更に伴い一部色を変えただけで、形は変えませんでした。前の8代目のモデルが自分なりに完成した形だと思っていたので、さわりようがなかったというのが正直なところです。「イプサ」から新しい機能的なニーズ

ÍPSA
8
ÍPSA
METABOLIZER
8

があれば、それは対応して取り入れるべきですが、特にそういうものもなかったので、形は変えないという結論に至りました。マスプロダクトの業界としては、変えたほうが新しく見えるという概念は通例的にあります。しかし今は、新しければいいという時代ではありません。時代の流れとつくる側の意識のギャップは、お客さまから見てもわかるものです。今はむしろ変わらないことをいいと思える人のほうが、時代の流れを的確に感じ取っていると思うので、変わらない商品をつくることで現代的な価値観をお客さまにも伝えたいと考えました。

この9代目のローンチに際しては「最適なものを選べる」というメッセージを発展させて、ムービーやビジュアルにおいても表現しました。発売時、『WWD』のデパート売り上げランキング乳液クリーム部門の総合一位に「ME」が屹然と躍り出ました。35年で初めてのことでした。

「イプサ」の全商品の箱は、私が開発した「気包紙」という紙を使っています。蛍光染料を使わないニュートラルな白さと質感が特徴です。「ME」の箱は、この紙にエンボスでボトルの形を表現し、印刷はスミ1色でロゴと商品名のみというミニマルなデザインです。化粧品の箱にはいろいろな考え方があり、同じ高級ブランドでも表現の方向性はさまざまに異なります。凝ったデザインにするのも一つの方法ですが、「ME」の商品特性や時代性を考えると、それは合わないと思いました。シンプルだけれども素材はしっかりしている。そういう観点でこの箱はつくりました。

「ME」におけるリプロモートの肝は、まず「1／17」を表示したこと。さらにプロダクトデザインとしての完成度と時代性を重要視したこと。そしてコミュニケーションにおいて、それらのイメージを広げていったこと、このポイントに集約されると思います。

大切な季節感の共有——シーズナルビジュアル

「イプサ」の基幹のスキンケアラインはカウンセリングを基本とし、季節や環境により変化する肌状態に合わせて、最適なアイテムを提供することをコンセプトに開発されています。できるだけ3カ月に1度の割合で来店してもらえるよう、商品の容量も3カ月で使い切ることを想定して設定されています。そのため春夏秋冬はブランドにとって大切なテーマです。シーズナルビジュアルは、ホームページやSNSのトップで使用するほか、店内の内照式のコルトンディスプレイで飾られ、来店したお客さまに対し、イプサの世界観の中で季節の変化を感じ取っていただくと共に、使用しているアイテムが今の肌状態に合っているかどうか、間接的に見直しを促す役割を担っています。

シーズナルビジュアルと言っても、春は桜、夏ならひまわりというようなステレオタイプの説明的な季節感ではなく、絵として鑑賞に値するものであることを第一に考えました。商品がどう見えるかよりも絵の美しさを優先し、リアルな四季の移り変わりではなく、ブランドとしての季節感を共有できるようなビジュアルを目指しました。

撮影はフランシス・ジャコベッティ氏にお願いしました。ジャコベッティ氏は「イプサ」を語る上で非常に重要な人なので、少し説明させてください。彼は主に人物を撮る世界的な写真家で、映像の分野でも活躍するアーティストです。日本では「イプサ」の他にイッセイ ミヤケの仕事を手掛け、前任者であったアーヴィング・ペン氏亡き後の撮影を引き継いだことでも知られます。長年、女性メイクアップアーティストのファビエンヌ・セヴィニエ氏と組んで数々の作品を生み出してきたことでも知られ、ちょうど私がパリでセルジュ・ルタンス氏と仕事をしていた頃、セヴィニエ氏がヘアメイクしたモデルをジャコベッティ氏が撮るという手法で『マキアージュ』というビジュアルブックをつくっていました。

彼はフランス人ですが日本的な感覚を好む人で、ある時資生堂にやってきて、パリの蚤の市で見つけたという古い薬瓶を見せ、「こういうコンセプトで商品をつくりませんか？」と自ら企画を持ちかけたのです。栓で蓋をキュッと締めるタイプの、ややぽってりとしたフォルムの瓶は、当時の化粧品の概念にはなく、とても新鮮でした。この提案から誕生したブランドが「イプサ」です。ジャコベッティ氏は現在に至るまで40年近くにわたり「イプサ」の写真を撮り続けてきました。

ジャコベッティ氏とは１９９０年代から面識がありました。その頃、彼は毎年のように東京に来ていて、彼のほうでも私が手掛けた資生堂銀座本社のウィンドウディスプレイなどを見て興味を持ってくれたようで、あいさつ程度の会話を交わす関係が長く続きました。

シーズナルビジュアルを彼と一緒に撮るようになったのは、私が「イプサ」のクリエイティブディレクターに就任した後、2017年のことです。

それまでジャコベッティ氏は、「イプサ」のコアコンセプトである「美的生命力」をテーマに、毎年ビジュアルを撮影していました。商品が大きくフィーチャーされ、水や光を背景にしたもの、または商品とモデルの顔が同じように大きく映し出された写真などでした。明るい光に包まれたような絵柄が多かったように思います。しかし、私はその写真がどうも腑に落ちませんでした。このビジュアルから、果たして「美的生命力」というコンセプトが伝わるのだろうか？それは写真が良くないというよりも、ディレクションの問題であるような気がしました。ジャコベッティ氏の作品は、基本的に黒の背景から光によってモチーフやモデルが浮かび上がってくるドラマティックなライティングが特徴なので、そのビジュアルの健康的な明るさも、彼の写真らしくないという違和感につながったのかもしれません。そもそも「美的生命力」という動的なテーマを、スチール写真で伝えるのは非常に難しいことです。そこで、「美的生命力」を伝えることは後に説明するアクアズームに託し、彼にはその代わりにブランドにとって大切なテーマの一つである「季節」をテーマに撮影をお願いすることにしたのです。

フォトディレクションとスタイリングは平野に任せ、ジャコベッティ氏と平野のコラボレーションで世界観をつくり上げていくことに決めました。私は平野のビジュアライズする力を確信しています。ジャコベッティ氏も一流のアーティストです。絵コンテを描いて決めた構図をそのまま撮ってもらうのではなく、平野との即興で自由に撮影してもらうほうが、生き生きしたいい写真になるに違いないと思い、そのような段取りで調整を行いました。

撮影は毎年、ジャコベッティ氏の拠点であるパリで行いました。パリに行くとまず、世界最大級の規模を誇る郊外のランジス市場に早朝から出向き、植物、石や砂、紙、水を張るプールなど、演出に使えそうなものを見繕って手配します。また希少な鉱物類はルーブル美術館内のミネラルショップが美術館の地下室に持つ倉庫へ行って調達しました。ラフは一切描かず、平野がその場のインスピレーションでモチーフを選びます。それをスタジオで平野自身がスタイリングし、ジャコベッティ氏がライティングやフレーミングを決めて撮影していくのです。パートナーのセヴィニエ氏は常にジャコベッティ氏の傍にいて、

時折彼が「どう？」などと問いかける言葉にリアクションする。そうした2人のコミュニケーションがジャコベッティ氏には欠かせないことでした。撮影はライブですから、その一瞬しかない瞬間を切り取ってこそ写真の醍醐味です。実際に使えるかどうかや、どのシーズンに使うかなどはひとまず置いておき、平野とジャコベッティ氏の興味が向かうものを優先して撮っていきました。

つまり春だからこのモチーフなどということも決めず、仕上がった写真を見てそれぞれの季節らしさを感じられる写真を選んでいきました。そのほうが決まりきった季節の花のようなモチーフよりもより詩的な表現が可能ではないかと考えたからです。

商品は絵の一部として位置づけ、時にはロゴはおろか、完全にシルエットと化していることもありました。それでもブランドのビジュアルとして成立したのは、商品のフォルムが特徴的だったことに起因すると考えます。化粧品のビジュアル表現はほとんどの場合、商品のプロモートを目的として制作され、広告としての役割を担っています。しかしこのビジュアルは店内にブランドらしい季節感を表出させるという目的で制作していたため、

何よりもその観点を優先しました。このビジュアル表現や制作のプロセスは、目的と役割をクライアントに十分理解していただけたので実現したと言えます。

このシリーズは7年ほど続け、「イプサ」の新たなブランドイメージ構築の大きな一端を担いました。2018年から2年間は『ヴォーグ ジャパン』に広告出稿しました。これは平野の発案です。『ヴォーグ ジャパン』の誌面は、このビジュアルで目指した世界観と親和性が高く、ブランドの意図を読者と共有できると考えたのです。もともとは広告としてつくったものではありませんが、ラグジュアリーなもので溢れた誌面の中に、絵画のようなビジュアルが見開きで入っていると、ふと気になって目を留めてもらえるのではないかと思いました。『ヴォーグ ジャパン』に載せることに意味があるので、他の雑誌では同様の広告は一切打ちませんでした。こうしてイメージを積み重ねていくことの上でしか、このシーズナルビジュアルは成立しなかったでしょう。つまり、一つ二つのビジュアルではブランドのイメージは構築できないため、春夏秋冬のビジュアルをつくり続け、適切な媒体で展開してイメージを積み重ねることにより、「イプサ」というブランドの一角をつくり上げていったのです。

「美的生命力」を共有する装置──アクアズーム

「イプサ」には「一人ひとり」「メタボリズム」などいくつかのコンセプトワードがあります。その中でもコアなワードが「美的生命力」です。私は「美的生命力」をビジュアルで表現するのは難しいのではないかと常々思っていました。商品と人、あるいは商品と水や植物などが一緒に映った写真を撮っても、生命力という概念を表現しているに過ぎないので、見た人はそれ以上のものを受け取ることができません。実際に生きているものを見ることでしか、「美的生命力」を感覚として受け取ることはできないのではないかと思ったのです。

その時に、はたと思いついたのが水槽作家・三浦達雄氏の「アクアズーム」でした。彼の水槽作品のことは、以前から知っていました。ＣＤＬを設立して間もない頃、平野と

『婦人画報』の表紙や巻頭連載の仕事を2年ほど担当していたことがあります。その連載の仕事は毎回テーマを設定して撮影し、平野が文章を書くというシリーズで、その中で三浦氏を取材したことがあったのです。その時にいろいろ説明を聞き、循環システムのことは知っていたので、アクアズームが「美的生命力」を共有する装置になるのではないかと考えました。

水が蒸発して大気中に逃げ、雨や雪になってまた水に戻るまでの間には、沢山の生命が育まれます。アクアリストとして長年水を考察してきた三浦氏は、その技術と知識を駆使し、土壌をベースにさまざまな生物や植物が共生して生命を育んでいく空間を、水槽の中につくり出しました。それがアクアズームです。この土壌にはいろいろな微生物がいて、死んではまた新しく生まれていくので、土が腐りません。土壌バクテリアが無数に存在するということは、その上に生命が育つということです。水も、栄養も循環しているので、栄養がどこかに偏ってしまうということもなく、生命自体がぐるぐる循環しているのです。

三浦氏からうかがった話をまとめると、アクアズームは太陽光の代わりにLEDを使用しています。LEDは、厳密に言えば光ではありません。光は木や蛍光灯など燃えているものが発するので、燃えていないLEDは光ではなく明かりです。光を発するものはすべていろいろな光線を出しますが、その中で特にLEDに不足しているものが紫外線です。LEDは紫外線がゼロに近いため、アクアズームの植物は大きくならないのだそうです。つまりアクアズームは、植物の適応能力を利用してつくられているのです。

木がどんどん成長して伸びていくと、古くなり朽ちていく部分があるように、時間の経過は老いや終焉に向かっていきます。しかしアクアズームの植物は、時間の中で刻々と変化していますが、老いることなく、目に見える部分はいつも新鮮で新しい。言い換えれば、生命が循環して生まれ変わる部分だけを見える形にしたシステムなのです。

後で聞いた話によると、三浦氏も「美的生命力という言葉を聞いて、まさに自分がやっていること」だと思ったそうです。

通常、クリエイティブの仕事は細分化されているので、広告をつくる人は広告、ウェブをつくる人はウェブ、お店をつくる人はお店というように、大抵の人は自分の専門の範囲のことだけを司っています。つまり、もし絵をつくる人に「美的生命力」のテーマで依頼したならば、その人は絵で表現するしかありません。それがその人が持っている手法だからです。絵では限界があると感じても、その人に頼んだ以上、絵以外のアプローチを提案されることはありません。また、プロジェクトごとに頼む人が異なるということは、ウェブはうまくいったけれど、広告は今一つだったというように、何かを発信しようとした時に、いろいろなものがうまくアンサンブルしない状況を生みやすくなるということにもつながります。

私はそれをもどかしく感じていたので、全部まとめてうまくできないかと考えました。「イプサ」もそれを私に望んだからこそディレクターに指名したのだと思います。ですから「イプサ」から具体的に何をしてほしいという依頼はありませんでした。具体的な依頼は結局、細分化されたディテールになってしまうので、ディテールが積み重なっていくだけでは全体感が生まれません。そうではなく、まず全体でどういう世界観を構築するか。そして、そのために必要なことは何なのか。それを考えるのが私の役目なので、アクアズームもそうして提案した中の一つです。

アクアズームを設置したのは、ルミネ有楽町店の「イプサ」が最初でした。「イプサ」はもともと百貨店だけで販売していましたが、若い世代の人たちが百貨店に行く機会が減り、駅ビルなどのショッピングセンターに移行したこと受けて、ルミネに初めて店舗を持つことになりました。それが有楽町店です。アクアズームは生き物ですし、メンテナンスが必要なので、百貨店には置くことができませんが、直営店なら自由が利きます。

その店舗の評判が良かったことからルミネへの出店が増え、現在は池袋店や横浜店、大宮店、北千住店など7店舗を展開しています。もしルミネへの出店がなければ、アクアズームを取り入れるタイミングがあったかどうかわかりませんが、アクアズームを通じて私自身が「美的生命力」を共有できたのは確かです。お客さまからも好評で、中国イプサでもアクアズームを置きたいという引き合いがあるので、沢山の方に「美的生命力」を共有していただけていくのではないかと思います。

空間のコアとしての人の存在を位置づける
――レシピストウェア

店頭で活動する人たちをイプサではレシピストと呼んでいます。レシピとは料理のそれに起因するもので、商品を美容の素材と捉えて必要なものだけを提供するという「イプサ」の根本的な理念につながっています。その人たちがまとうものを考える時まず私が思ったのは、「制服」という言葉は使いたくないということでした。肌に関する専門知識を持っている人たちの専門性を表現するには、いわゆる制服という言葉や概念は合わない気がしました。一般的な制服のように画一的な記号ではなく、専門性を象徴するような服にしたい。最初にイメージしたのは医師の白衣やコック帽です。それらのものをまとうことでその仕事の専門性が個人の個性を超えて表出します。そういうありようをレシピストのまとうものにもつくり出したいと考えました。この服を着るとレシピストになる。継続して着用し続けることで専門性が記号化されるような服にしたいと思いました。

もう1点このレシピストの存在は、お店の風景のコアでもあります。ですからそのありようとして適切なものという視点が重要だと考えていました。ウェアの色として選んだのは、青です。青はブランドにとって大切な色と位置づけています。ベージュと黒を基調としたショップのインテリア空間に、青い服のレシピストが加わって有機的に動き、複合的なコミュニケーションを生み出し、ショップ空間は完成します。アートディレクターの平野が岩絵具のさまざまな青の中から最適な青を選定し、それを目標としました。服のアンサンブル、パターンはファッションディレクターの白山春久氏に参画いただきデザインを進めました。

名称は〝レシピストウェア〟。濃紺をベースに、パンツ、スカート、ブラウス、ジャケットなど数アイテムの中から、自分で自由に組み合わせて着るシステムです。私の中には太いパンツのイメージ、空間を移動する際に布が揺れるイメージがあったので、それをマストアイテムとし、展開を検討しました。

通常、服のプレゼンテーションは、サンプルでつくった服そのものを見せるか、その場

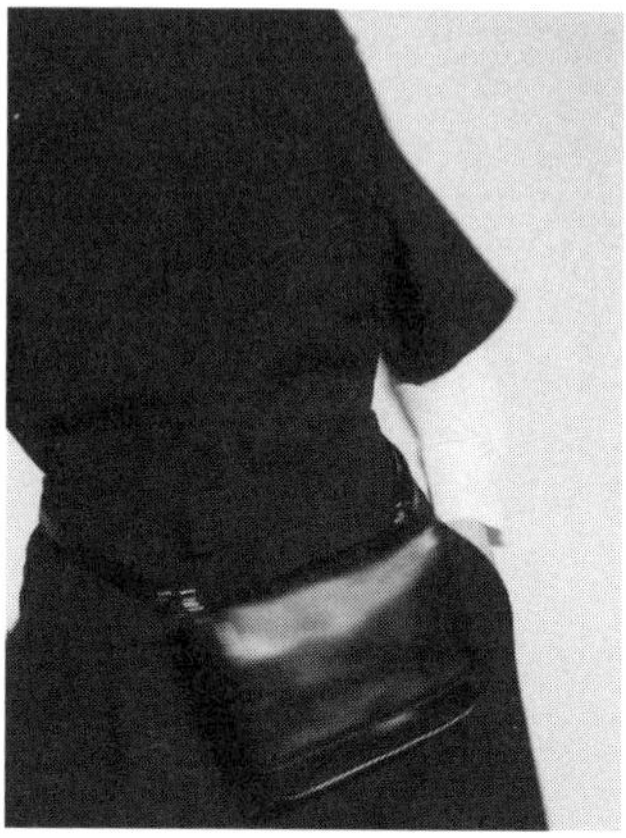
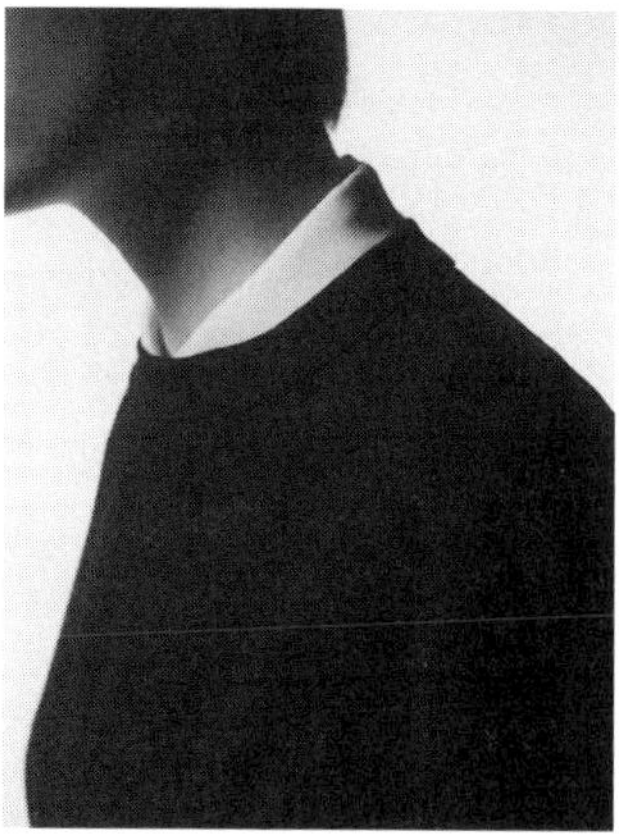
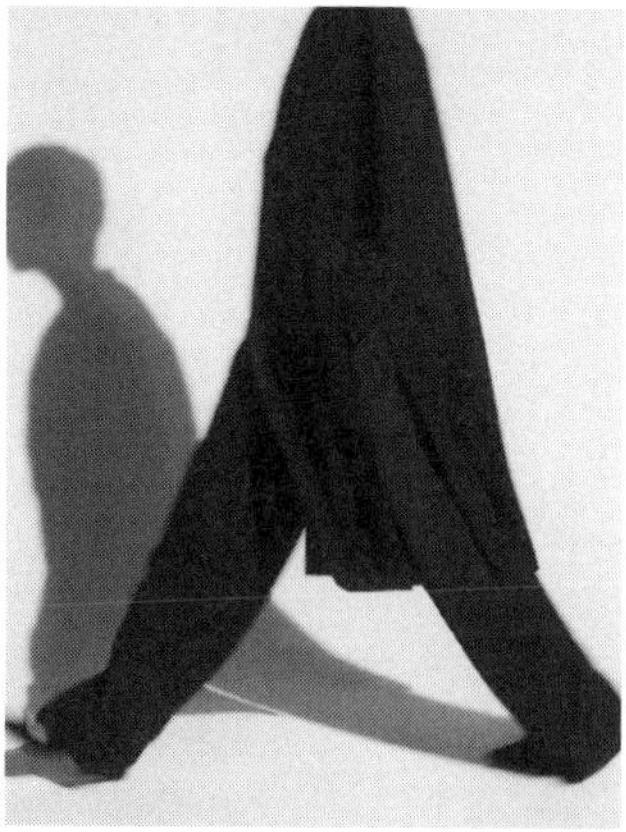

でモデルが着用して見せることが多いと思います。しかしその服に込めたイメージや世界観は、必ずしも実物を見てもわかりません。ファッションにおいてファッションフォトは一つの重要な要素です。ファッションフォトは、服の説明ではなく、それが繊細なものなのか、アヴァンギャルドなものなのか、ベーシックなものなのかというイメージを伝えるために必要なのです。レシピストウェアもそのコンセプト、こんなイメージで着てほしいということを伝えるためにイメージフォトを制作しました。

同じ服でもフォトディレクションによってまったく違う印象になってしまうので、ディレクションは非常に重要です。あえてモデルの顔は見せずに抽象度を高め、服のラインや動いた時の表情など、服が持つ世界観を伝えるビジュアルに徹しました。服そのものではなく、この服を着たレシピストのイメージに働きかけることで共有と理解を図りました。

時代を反映させてブランドを体感できる場をつくる
——ショップデザイン

イプサの店舗デザインを再構築することを始める際、私はブランドがローンチした1987年当初のデザインにあったいくつかの点を参考にしました。なぜならば2015年時点の店舗デザインは、そこに至る経過の中でさまざまな要素が入りまじり一つのブランドとしてのアイデンティティを感じられない様子になっていたからです。シルバーと白を基調としたものや明るい水色を基調としたもの、また濃いブルーをアイデンティティカラーとして掲げたものなど、その時期ごとの方針の変化を映したかたちで存在していました。

そこでブランドカラーとしてベージュ、ブラック、ブルーをあらためて定義づけ、店舗デザインにおいてはベージュを基調としてブラックをメッセージの強い場所に用いました。ブルーは内装からは一切なくして、よりコンセプチュアルな要素のみに用いるという緩やかなルールをつくりました。

もう一つ、デザインに用いる素材に関してアクリルを一切用いないと決めました。アクリルは加工性に優れ価格や供給も安定しているため、ほとんどの化粧品売り場の店舗に多く用いられていました。しかし時代としては、そのような石油由来の材料を多用することは好ましくない時代に入っていました。そこでアクリル素材の使用を一切やめて、木材、塗り壁、タイル、金属といった自然の素材を用いる空間設計を行いました。現在そのような内装が増えてきているようにも思いますが、2016年時点では他の化粧品メーカーでは見られない方向のデザインでした。価格の表示はそれまでであれば、アクリル板にプリンターで印刷されていたものを、金属プレートに七宝を施し、シルク印刷の手刷りで仕上げました。物理的には小さなディテールですが商品のすぐ近くに配置され、多くの人が注視するこのパーツにイメージを込めることでブランドの向かう方向が伝わると考えたからです。合理的にスピーディにそして安価につくられていたものと、このパーツだけを比較すればもちろん価格は上がります。しかし、空間全体を施工することはそれなりに大きな費用を要するものであり、全体の中でバランスを取ることでそれらは費用内に収めることが可能になりました。費用も含めて最適化することがデザインには必要です。それをないがしろにしてはプロとは言えません。

イプサの売り場のしつらえは、場所や環境などにより可能な限り方法論を変えています。百貨店やショッピングセンターに出店する場合、フォーマット化された空間デザインが展開されることが一般的です。これはもちろんブランドのアイデンティティを統一するという目的や側面はありますが、逆に言えば、どこにでも同じ店があるということの退屈さにもつながります。施設側は必ずしも他の店舗と同じものを望んでいるわけではありません。同じようなフォーマットの店になるのは出店する側の理由に過ぎず、施設側にとってはエクスクルーシブなほうが、他店と差異化を図れるのでメリットがあるでしょう。また出店する側にとっても、本来はそのほうがいいはずです。イプサの店舗は国内だけでも90以上ありますがコーナーごとのロケーションやお客さまのニーズによってカスタマイズするように1店舗ずつ設計しています。10店舗ほどある直営店については場所自体をメディア化する感覚で、実験的な試みを行ってきました。

いくつか例を挙げると、最初の直営店であるルミネ有楽町店の売り場はとても小さな床

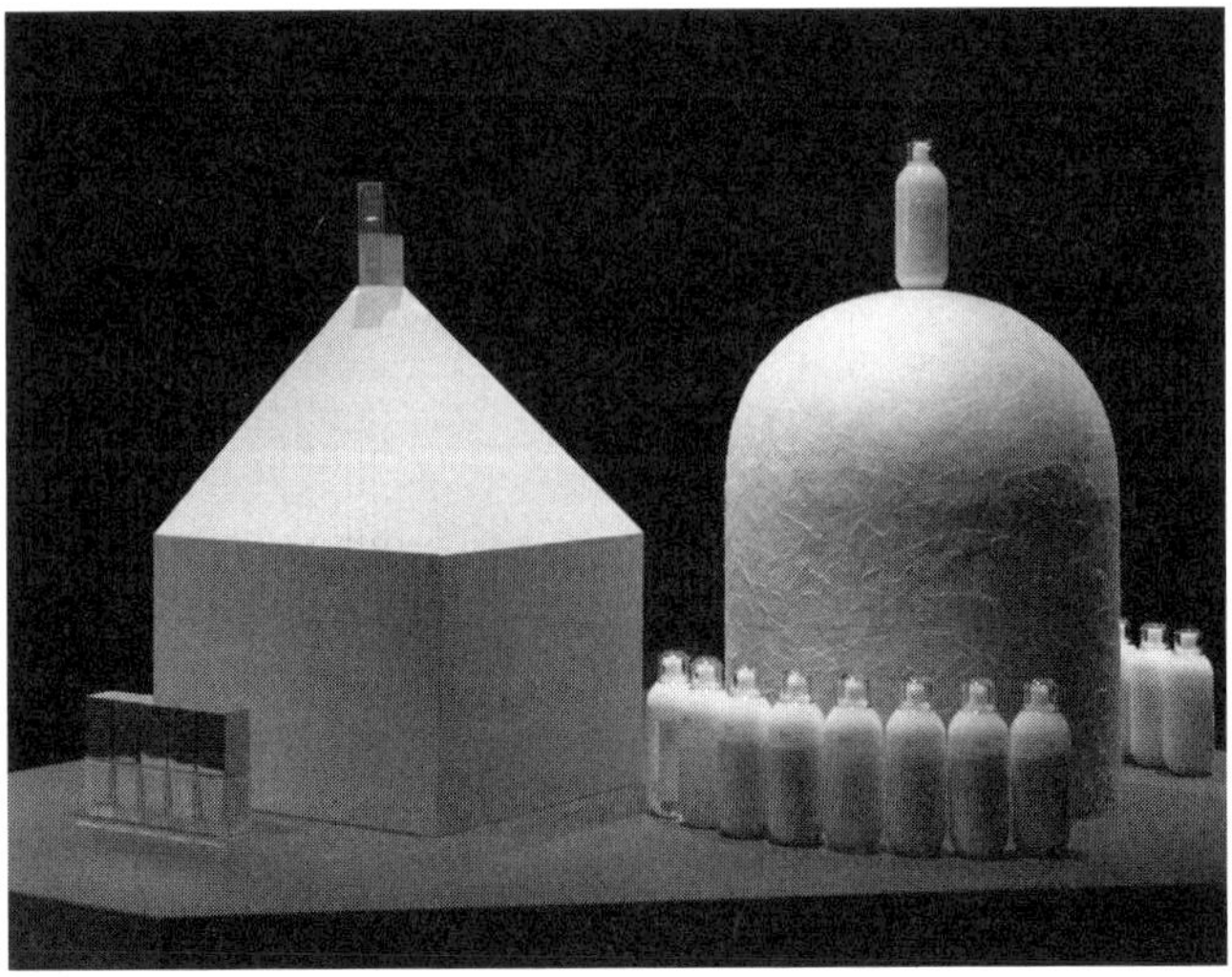

面積であったため、また立地が仕事からの帰宅時に短時間の滞在客が多いことが想定されたこともあり、通常のお店にあるカウンセリングのためのチェアを取り払いすべてスタンディングのコミュニケーションスタイルにしました。さらにその環境を生かして、全体をポップアップショップと捉えて毎シーズンしつらえをがらっと変えました。「IPSA IDEA（イプサ・イデア）」というオウンドメディアとの連動企画で、ある時はセレクトブックショップのオーナーが選んだ本をディスプレイしたり、またある時は1人の写真家にフィーチャーしてその作品を飾ったり、壁面全体を青く透ける布で覆い水槽の中にいるような空間を演出したりしました。そのたびにお店の印象はがらっと変わります。お客さまに楽しんでいただければと思って考えたことですが、商業施設業界の人も見に来るようになり、後に売り場拡大の際に有利な条件で成約ができるようになったことを考えると、意義のある有効な試みだったと思います。

ちなみに「イプサ・イデア」は、ブランドのイデアを共有するというコンセプトで、毎回テーマに沿ってさまざまなジャンルの人とコラボレーションする企画です。テーマも「光と影」「宇宙」などわかりやすいものではないので、万人受けするコンテンツではないと思います。もちろん、もっと誰にでもわかるような内容にすることもできますし、多くの人に知ってもらうにはそれも大事なことかもしれません。しかしわかりやすさに終始しても、ブランドの価値は十分に生まれないのではないかと思います。イプサは高級品なので、高級品としてのブランドの価値は、わかりやすいだけではダメで、感度の高い人が見て面白いと思ってもらえるようなクオリティのコンテンツが必要なのです。

「イプサ・イデア」はのちにより抽象度を高めた映像コンテンツも制作することとなりました。これも目的は同様で、説明的ではなく感性に訴えかける映像によって感度の高い人たちへブランドを伝えるコンテンツです。

有楽町1店からはじまったルミネでの店舗展開は現在7店舗となり、関連する業態として大阪駅のルクアイーレでも展開しています。それらの店舗では、季節ごとに変わるオブジェを店頭の最も目立つところに設置しています。これは有楽町で行った実験的な方法（お店をポップアップショップと捉えて、季節ごとにお店を丸ごと一つの作品のような空間につくり変える）を多店舗展開する方法として考えたものです。新製品や季節のおすすめ商品をフィーチャーしていますが、このオブジェはそれらのプロモーションビジュアル等とは距離をおいて、この限られた店舗のためだけに制作している完全手作りオブジェです。和紙や木や透明な樹脂など実際のオブジェでしか具体化できない素材や製法でつくることで、マスコミュニケーションツールとして制作されたビジュアルやPOPが溢れる、他のお店などの環境に対して、良い意味での違和感を生じさせていると思います。このありようは先に述べた自然の素材や七宝焼きのプライスパーツとも通じることだと思います。

私がデザインしたこれらのオブジェは中島勘也さんという造形作家が1人ですべて手作りしています。都度新たな作り方や素材の検討、設置方法を試行錯誤していく、ある意味贅沢なプロセスです。彼との仕事は資生堂で最初に小さなウインドウディスプレイを製作してもらったことに始まり、もうすぐ40年となりますが、年を重ねて衰えるどころか、さらに近年精度を増しているように感じます。そういった気のこもった物、人工的で死んだ物ではなく生きた物を、可能な限り空間に加えたいと考えています。それが、空間にエネルギーや潤いを与えてくれると思っています。

渋谷パルコ店の売り場は1階の入り口近くで、隣はファッションブランドという特異な環境にあります。その立地や店舗の特徴を考えると、普通の化粧品売り場とは違うアプローチにしたほうがいいと思いました。そこで着目したのが、奥に面した3m×10mほどの大きな壁です。これをキャンバスに見立て、シーズンごとに絵を描いてもらうことにしました。

渋谷パルコといえば、私が学生の頃は外壁ウォールペイントの最盛期で、手描きの映画の立て看板や広告、アート作品などが掲出され、注目を浴びていました。描いていたのはアルバイトの美大生がほとんどで、私の同級生も描いていたものです。あの雰囲気がいいと思っていたので、このインスタレーションを思いついた時、80年代カルチャーの復刻のようなイメージが自分の中にあったのだと思います。最初はお店の営業中にライブペイントで描くことも考えましたが、絵具が撥ねるなどのリスクを考え断念しました。

完成まで3日ほどかかりますが、手描きにはプリントにはない立体感や迫力があります。秋のテーマで描いてもらった時は、画面を埋め尽くしたペッパーの実が今にも画面の外にこぼれ落ちてくるかと思うほどのインパクトと臨場感がありました。手でつくるという要素がなくなると完全にマスになってしまうので、どこまで手作業の要素を取り入れられる

IPSA

かの判断は大事なことです。初めの頃は3ヵ月ごとに新しく描いてもらっていましたが、感染症の影響もあり、現在は年に1回のペースで継続しています。

IPSA AOYAMA以外、百貨店やショッピングセンターに限られていた売り場は、販売ルートの開拓に伴い、空港の免税店や、国内外のラグジュアリーコスメを集めた三越伊勢丹のセレクトショップ「イセタン　ミラー」などでも取り扱われるようになりました。商品はカウンセリング形式で選ぶ「ＭＥ」ではなく、カウンセリングなしで誰でも気軽に使える「ザ・タイムリセット　アクア」をメインとし、その映像をデジタルサイネージで流すなど大々的にフィーチャーしたことで、幅広い層の認知度が向上。そこにＳＮＳによる拡散効果やインバウンドが重なり、売り上げは右肩上がりに伸びていきました。アジア圏、特に中国では非常に話題を呼び、売り上げの拡大に寄与しました。２０１６年に１３０億円だった売り上げは、２０２０年には４００億円に到達しました。

ブランドイメージを体感できる場所
——IPSA AOYAMA

IPSA AOYAMAは、東京・表参道にほど近い、国道246号から1本裏に入った閑静な場所にあるイプサのフラッグシップショップです。百貨店のコーナーやショッピングセンターの店舗は、限られた面積の中に沢山の要素が盛り込まれているため、落ち着いてカウンセリングできる環境としては限界があります。カウンセリングだけでなく、イベントやワークショップなども行える、お客さまがゆったりと心地良く過ごせる場をつくるというコンセプトのもと、イプサ初の直営路面店として2019年にオープンしました。

IPSA AOYAMAの空間の特徴は、主に八つあります。一つ目は採光です。外に向かって全面に2階分の高さのガラス窓があるので、特に午前中は気持ちのいい光が降り注ぎます。その自然光が、空間に心地良さをもたらしていると思います。

二つ目は、入り口に近い部分だけを吹き抜けにし、天井に高低差をつけた構造的なコントラストです。ただ広い場所が必ずしも心地良く感じるとは限りません。むしろ落ち着けると言う意味では、ややコンパクトなスペースもあったほうがいいのではないかと考え、2階までの吹き抜けで空間の開放感を強調しつつ、奥のほうは天井を少し低めにしました。

三つ目は、先述の生きたオブジェ「アクアズーム」です。イプサのコンセプトを体現するものとして、フロアの中心に据えています。空間にとってはもちろんですが、ブランドイメージをつくる上でも重要な意味を持っています。

四つ目は、インスタレーションです。この空間は、物やビジュアルは極力置かず、空間自体が変化して季節ごとに新しいテーマで彩るという考え方で構成しています。IPSA AOYAMAはブランドにおいて中心的存在のお店なので、ここでしかできないしつらえでお客さまをお迎えしています。

五つ目は、収納を兼ね備えたカウンセリングカウンター。テスターや肌測定器などはカウンセリングに必要なものですが、できるだけすっきりした状態を保ち、イベントの時にも邪魔にならないようにするため、すべて什器の中に納まるようにしました。お客さまにもゆったりとした感覚でカウンセリングを受けていただけます。

六つ目は、照明を嵌め込んだ天井の縁や、壁と天井のつながりの部分など、要所要所に曲線を取り入れている点です。最初はアールをつけずに角をそのままにしていたのですが、その空間を見て平野が言った「すごくいいけれど、一つだけ残念なのは、この角が空間に合っていない気がする点です」という意見を参考にしました。曲線を用いたことにより、有機的な表情が加味されたと思います。

七つ目は、素材です。天井や壁は漆喰を使っています。漆喰は、このお店をつくる前に、百貨店やファッションショップでイプサの売り場デザインをするようになった時から使い始めました。化粧品のコーナーは人工的な素材でつくられることが多いのですが、極力そういうものは避けたい。なぜかと言うと、人に対して心地良さを提供するには、人工的な素材では難しいと思うからです。デザインは現代的でありながらも、素材は石油由来などではない自然に近いものでつくりたいので、このお店は漆喰以外のところには木や鉄を主に使っています。

八つ目は、「ガーデン」と呼んでいる、建物の表側につくった小さな庭です。青山の裏通りにちょっとした緑をつくることで、お客さまが心地良さや季節の移ろいを感じながら、この場所を体験していただけるようにと考えました。お店の役割にはいろいろあると思いますが、私はそういう複合的な要素によってもたらされる感覚を、その場所の体験として持ち帰っていただきたい。わかりづらい、ささやかなことであっても、一つひとつの積み重ねが生きている空間をつくることにつながるのではないかと思います。

テキストにもアイデンティティを宿らせるために
——イプサ・フォント

イプサのロゴタイプは、1987年創業当時から変わっていません。日本を拠点に国際的に活躍したタイポグラファー、ヘルムート・シュミット氏によるデザインです。創業当時のイプサのクリエイティブディレクターであった杉浦俊作氏が依頼しデザインされたもので、シュミット氏は資生堂の「エリクシール」や「マキアージュ」などのロゴ、また「ポカリスエット」などのパッケージデザインでも知られています。2017年ブランドアイデンティティ強化の一環としてイプサのオリジナルフォントをアルファベットとカタカナでつくっていただきました。現在はIPSA AOYAMAの店舗ロゴをはじめ、商品パッケージに順次取り入れることでブランドアイデンティティの強化を図っています。

実は開発途中の秋にシュミット氏が急逝され、くしくもイプサフォントは遺作となってしまいました。個々のキャラクターは完成していたため、デザイナーである娘さんの、ニコール・シュミットさんがその後のデジタライズの工程を引き継いでくださり無事完成しました。完成度の高いロゴの多くがそうであるようにイプサのロゴは40年を経ても古びることなく、むしろそのキャラクターがブランドのイメージを牽引し続けていると感じます。私が行ったことはこのロゴがつくり出すイメージをフォントに展開させることで広げ、ブランドのイメージをより強固にすることでした。

ÍPSA AOYAMA
ÍPSA

イメージを支えるもの、そして拡張するもの
――オンラインコミュニケーション

グラフィックデザインのトーン＆マナー

紙の媒体とオンラインでの情報のありようは当然その媒体に即して変わります。

しかし同じブランドのイメージである以上、そこに共通するトーン＆マナーを設定することでイメージの連動を図る必要があります。カラーコードや基本となるレイアウトフォーマット、フォントの選択画像の扱い方、マニュアル化することはわかりやすいようですが、情報は常に変化するのでフレキシブルな対応も含めながら進めることが最適です。方法は簡単で、紙媒体もオンライン媒体も同じチームでディレクション、デザインを行い、よりテクニカルなパートは専門的な制作チームと協創することです。記述すると当たり前のように感じるかもしれませんが実際は企画、ディレクション、デザイン、制作が一貫している会社が多いため、これを切り分けることは簡単ではありません。しかしそのような

成り立ち方のせいでディレクション自体が分散しブランドイメージが伝わりづらくなることでは本末転倒です。それでも実際はそのようなことは多く見受けられます。「イプサ」がブランドのイメージを統一的につくり上げられたことのベースには表面には見えてこない、このような構造的な部分での最適解を求めたことがあります。そしてこの構造は常に表面化します。構造がしっかりしていればそのように、何かバラバラと物事が見えているとすれば、その構造部分がバラバラとしているということで間違いないと思います。

インスタグラム・SNS

2017－2023年春までイプサの公式インスタグラムの企画、編集、ディレクション、制作は平野が中心となり行っていました。ブランドイメージを広く発信するメディアとしてインスタグラム独自の個々の投稿の内容はもちろん、ウォールの見え方を重要視し、ブランドのその時期のプロモーションや店頭でのインスタレーション企画など、オンライン、オフラインの情報を交差させる形で編集をしています。これもブランドのコミュニケーション全般の制作にすべて関与していたことでそれぞれのセクションの進行をあらかじ

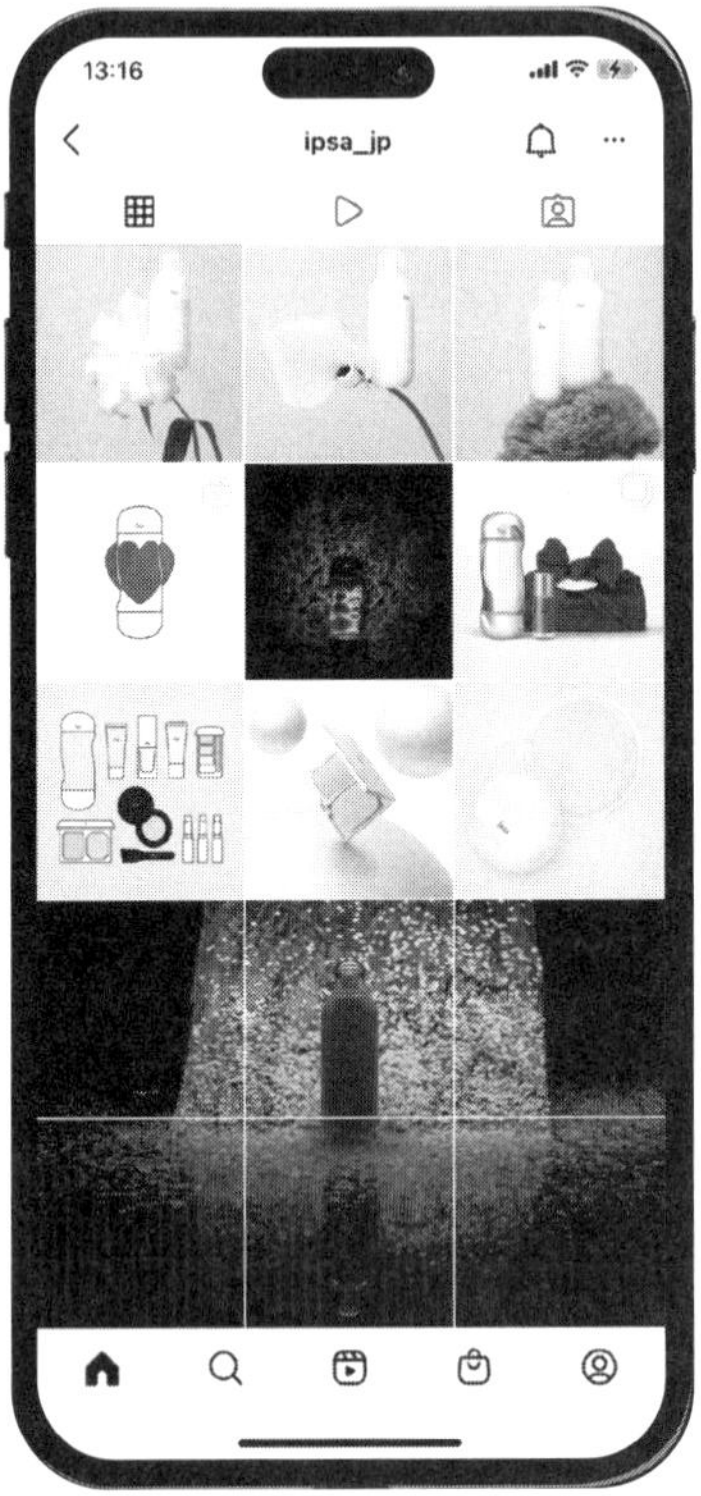
13:16
ipsa_jp

め把握しているからこそ可能な方法でした。バトンタッチ方式で情報が伝わっていくと、なかなかギリギリまで情報が共有できないものです。

いかにしてトッププロダクトとなり得たか？
——「ザ・タイムリセット アクア」

「ザ・タイムリセット」シリーズは2001年から続くスキンケアラインで、中でも「ザ・タイムリセット アクア」は、1品で現在はブランド内における売り上げの約3分の1を占める中心商品です。

「ザ・タイムリセット アクア」の発売は2002年。シルバーのパーツが上下にあり、その間に透明な液体が閉じ込められているというコンセプトは現在のデザインと同じです。ただ1点、大きく異なるのはボトルの形です。初代のデザインはラインが直線的で、カプセルのような印象でした。2008年にリニューアルを行った時のデザインは日本パッケージデザイン大賞で金賞、東京ADC会員賞を受賞するなど、デザイン的な評価は得ましたが、売り上げの面では思うような結果は得られていませんでした。

「ザ・タイムリセット アクア」（以下アクア）の売り上げが飛躍的に伸びたのは、2014年に行ったリニューアルで現在のデザインになって、さらにその2年後の2016年以降です。シルバーのパーツと透明な容器というアイデンティティはそのままに、直線的だったボトルの形を、波打つようなアシンメトリーのフォルムに変更しました。この時のリニューアルで、これまでの科学的なイメージを和らげ、柔らかさのある有機的な形状を取り入れました。その時期、これからのモノにはそうした柔らかさが必要になると直感的に感じていました。そこで、それまでの科学的なイメージを継承しながら、これからの時代に即したイメージを付加する形で現在のデザインを定着しました。

このボトルは単に両側面が波状の曲線を描いているだけでなく、実際はもう少し複雑な形をしています。それは手にすると感じることができるのですが視覚的にはほとんどわかりません。そこで、いくつかの角度から商品を撮影し、ビジュアルに定着しました。2次元で一方向から見ると一つの形しかわかりませんが、多角的に見せれば複雑な形のユニー

ÍPSA
ÍPSA
ÍPSA

クさが伝わります。この形状だからこそ成立するプレゼンテーションであり、そのことが他の商品とのいい意味での違いを感じてもらえるきっかけになるのではないかと考えました。商品デザインを行う時に考えていることをビジュアルにも反映させた結果です。

２０１６年に、このビジュアルを発信しました。それに続きプロモーションイベントを企画し商品の告知を強めていきました。この商品の良さは何かとあらためて担当者に問いかけると、「使うと誰でもわかると思うのですが、水分の浸透力が他とはまったく違うんです」という答えがありました。そこで、多くの人に使ってもらうことを目標に、サンプリングイベントを行いました。初めは２０１７年にショップを出店したルミネ有楽町のイベントスペース、その後は表参道沿いのイベントスペースで行い、多くの方に「アクア」を知っていただき、サンプルを持ち帰ってもらう機会をつくりました。マス広告は行わず、ひたすらサンプリング施策を続けました。

一方、雑誌等ではわかりやすい機能説明などを記事広告として継続的に発信しました。

２０１７年後半からメディアが発する情報に変化が起きます。ファッション業界誌『WWD』が半年ごとに発表する全国のデパートの化粧品売り上げ好調商品の中に、「アクア」の名前が忽然と現れ始めます。発売以来15年で初めてのことです。そうこうするうちにその数とランキングは半年ごとに増えていき、多量のマス広告を発信し、「不動」と言われたいくつかの商品を抜いてデパートコスメ全化粧品の中で売り上げ一位となります。２０１９年のことでした。それから数年その地位を維持します。

「アクア」がなぜ売れたのか、明確に理由を特定はできません。常にそれは複合的な要素で成り立つからです。しかし、このパッケージデザインやビジュアルイメージはそれに貢献していることは確かなことだと思います。また「イプサ」のブランドイメージ全般がこの時期に大きく変化したことも関係するでしょう。またイベントやPRによる複合的なメッセージの伝達も大いに貢献したと推測されます。一つひとつのパーツが一つのベクトルに向かって、それぞれの役割をベストに発することでパワーは拡大していくことを示した結果であると考えます。

イメージを創る――アートとデザイン

「イプサ」という一つの事例をもとにいくつかの側面からブランドをかたちづくるイメージに関してお話してきました。この章の最初でもお伝えしたようにブランドは「造る」という漢字がしっくりきます。ではイメージはどうでしょう？イメージは「創る」という漢字を当てはめたいと思います。まさにこれは本来創造的にしか生み出せない種類のものだからです。そして本当のイメージは本当のデザインや本当のアートでしかそれを「創る」ことができないのです。ですから本当のブランドをつくりたいと考えるならば本当のイメージ創出を目指すことが必要条件となると考えます。

「創る」ことも「造る」ことも終わりも限りもないことです。どこまで進んで行けるかわかりませんが「つくる」を超えて「創る」「造る」ことでしか行きつかない場所があることは確かなことだと経験的に確信しています。

あとがき

本当のブランドイメージを造り上げるにはすべてが完璧でなくてはならない。そしてそれを続けることは容易ではない。その先にブランドイメージは構築される。長い時間を必要とする。しかしブランドイメージは一瞬の出来事で崩れ落ちる。ブランドイメージとはそのようなものである。

人はブランドに憧れを持つ、それは成し得ることの困難を超えて成し得ていることへの敬意ではないか。本当のブランドに人は本能的に反応しているのではないか。だからブラ

ンドを造ろうとする人はその険しい道に挑むのではないか。例え一度崩れ落ちたとしても
また新たにブランドを造り上げようとするのではないか。

デザインがイメージを創る。イメージがブランド造る。ブランドがイメージを発する。

人はいつまでも本当のブランドが発するイメージを受け取りたいと思っている。

２０２５年春

LIST OF WORKS

p. 1
IPSA「THE TIME RESET AQUA」（2014年）
パッケージデザイン
AD／PD：工藤青石
ロゴデザイン：ヘルムート・シュミット

p. 2
IPSA「THE TIME RESET AQUA」（2022年）
ムービー
CD／フィルムディレクション：工藤青石
3DCG：千葉真
サウンドデザイン：工藤緑矢

CD：クリエイティブディレクション
AD：アートディレクション　C：コピー　D：デザイン
ED：編集　PD：プロダクト&パッケージデザイン
PH：写真　PR：プロデュース

p. 3
IPSA「THE TIME RESET AQUA」（2023年）
環境デザイン／ショップデザイン
PL／CD／AD／D：工藤青石
D：INTO（大前勝史）

p. 4
三越伊勢丹ホールディングス
「三越のお中元」「三越のお歳暮」
（2006、2008、2013、2014年）
ビジュアルディレクション
CD／AD：工藤青石
I：平井武人／堀内恭司／紗羅／島田耕希
C：藤代敦子

p. 5

資生堂「qiora」（1998年）／
「qiora shop New York」（2000年）

パッケージデザイン
CD：池田修一
AD／PD：工藤青石
ロゴデザイン／フォトディレクション：平野敬子
PH：佐治康生

—

ショップデザイン
CD／AD／D：工藤青石
建築設計：ARO

p. 6

資生堂「SHISEIDO MEN」（2003年）
パッケージデザイン
CD／AD／PD：工藤青石
PD：信藤洋二

p. 8

IPSA「ESSENCE LOTION ULTIMATE」
（2024年）

パッケージデザイン
CD／AD／PD：工藤青石

—

ビジュアルディレクション
CD／AD：工藤青石
I：平井武人
D：秋元勇太

p. 64

資生堂「SHISEIDO MEN」（2003年）
ロゴデザイン
CD／AD／D：工藤青石

p. 68
大分県立美術館（OPAM）
シンボルマーク、ロゴ、VI、サイン計画、
コミュニケーションデザイン
CD：工藤青石
AD／D：平野敬子

p. 72
「BEAUTY INNOVATOR」（2010年）
C／AD：工藤青石

p. 85, 87
資生堂「SHISEIDO MEN」（2003年）
パッケージデザイン
CD／AD／PD：工藤青石
PD：信藤洋二

p. 91
資生堂「EUDERMINE」（1997年）
環境デザイン
AD／D：工藤青石
―
パッケージデザイン
イメージクリエイター：セルジュ・ルタンス
PD：工藤青石

p. 97
資生堂「qiora」（1998年）
パッケージデザイン
CD：池田修一
AD／PD：工藤青石
ロゴデザイン／フォトディレクション：平野敬子
PH：佐治康生

p. 104
資生堂パルファム「vocalise」（1997年）
パッケージデザイン
CD：廣哲夫
ボトルデザイン：工藤青石
ロゴデザイン／パッケージデザイン：平野敬子

p. 110
IPSA「THE TIME RESET」（2001－2003年）
パッケージデザイン
AD／PD：工藤青石
ロゴデザイン：ヘルムート・シュミット

p. 119
三越「三越のお歳暮」（2006年）
ビジュアルディレクション
CD／AD：工藤青石
画：平井武人

p. 121
三越伊勢丹ホールディングス「三越のお中元」（2014年）
ビジュアルディレクション
CD／AD：工藤青石：
D／I：島田耕希
C：藤城敦子

p. 124
IPSA「THE TIME RESET AQUA」（2017年）
ムービー
CD／フィルムディレクション：工藤青石
3DCG：千葉真
サウンドデザイン：工藤緑矢

p. 134
資生堂「BASALA」（1993年）
環境デザイン
AD／D：工藤青石

p. 137
資生堂「EUDERMINE」（1997年）
環境デザイン
AD／D：工藤青石

p. 142
資生堂「qiora shop New York」（2000年）
ショップデザイン
CD／AD／D：工藤青石
建築設計：ARO

p. 151
CDL「森下唯 演奏空間体験」（2019年）
イベント企画、運営
企画／PR：工藤青石
演出：平野敬子
出演：森下唯（ピアノ）

p. 155
Communication Design Laboratory（2020年）
空間デザイン
デザインディレクション：平野敬子（7F）、
工藤青石（5F）
インテリアデザイン：Joint Center（原兆英、原成光）

p. 176
IPSA「Metabolizer」（1998年）
パッケージデザイン
AD／PD：工藤青石
ロゴデザイン：ヘルムート・シュミット

p. 181
IPSA「Metabolizer」（2016年）
店頭ビジュアル
CD／AD：工藤青石
フォトディレクション：平野敬子
コピー：藤城敦子

p. 184
IPSA「Metabolizer」（2020年）
パッケージデザイン
CD／AD／PD：工藤青石
ロゴデザイン：ヘルムート・シュミット

p. 191
IPSA「SEASONAL VISUAL」メイキング
（2017－2022年）

p. 193
IPSA「SEASONAL VISUAL」（2017－2023年）
ビジュアルディレクション
CD／PR：工藤青石
AD：平野敬子
PH：フランシス・ジャコベッティ、
ファビエンヌ・セヴィニエ

p. 199
IPSA「AQUQ ZOOM」（2017年－）
CD：工藤青石
アクアズーム：三浦達雄

p. 203
IPSA「Recipist Wear」（2019年）
ウェアデザイン
CD／プロデュース：工藤青石
AD：平野敬子
ファッションディレクション：白山春久

p. 208
IPSA「IPSA LUMINE」（2017年、2024年）
ショップデザイン
CD／AD／D：工藤青石
オブジェ制作：中島勘也

p. 213
IPSA「PARCO SHIBUYA」（２０１９年）
ショップデザイン
ＰＬ／ＣＤ／デザインディレクション：工藤青石
D：INTO（大前勝史）

p. 217
IPSA「IPSA AOYAMA」（２０１９年）
ショップ デザイン
ＣＤ／デザインディレクション：工藤青石
インテリアデザイン：Joint Center（原兆英、原成光）

p. 221
IPSA「IPSA FONT」（２０１９年）
フォントデザイン
ＣＤ：工藤青石
D：ヘルムート・シュミット、
ニコール・シュミット

p. 224
IPSA「IPSA INSTAGRAM」（２０１７－２０２３年）
ＳＮＳディレクション
ＣＤ／ＰＲ：工藤青石
ＥＤ／ＡＤ：平野敬子

p. 227
IPSA「THE TIME RESET AQUA」
（２００２、２００８、２０１４年）
パッケージデザイン
ＡＤ／ＰＤ：工藤青石

著者プロフィール

工藤青石　Aoshi KUDO

デザイナー／クリエイティブディレクター
コミュニケーションデザイン研究所 代表　東京藝術大学非常勤講師

１９６４年、東京武蔵野生まれ。父は洋画家、母はテキスタイルデザイナーの家庭に育つ。１９８８年、東京藝術大学デザイン科卒業後、資生堂にパッケージデザイナーとして入社。化粧品のパッケージデザインに始まり、後にビジュアルデザイン、空間デザイン、ブランドのイメージディレクション、クリエイティブディレクション、プロジェクトディレクション等を行う。１９９２‐１９９６年、資生堂ヨーロッパ（パリ）駐在。２００５年、デザイナー、ビジョナリーである平野敬子とともにコミュニケーションデザイン研究所設立。現在に至る

資生堂時代から継続的に多くの化粧品のデザイン、ブランドのディレクションを行い、２０２５年現在はＩＰＳＡのクリエイティブデイレクターを務める。またＪＡＬ、三越、ＮＴＴドコモ、トヨタ、大分県立美術館など違った領域のプロジェクトも手がける。パッケージデザイン、空間デザイン、ビジュアルディレクション、アートディレクション、クリエイティブディレクションの成果によって、毎日デザイン賞、米国建築家協会NewYork最優秀デザイン賞、日本パッケージデザイン大賞、ＩＦデザイン賞、Ｄ＆ＡＤ賞、東京ＡＤＣ会員賞など、国内外で70を超えるデザイン賞を受賞。

Aoshi Kudo
Official

CDL

デザインをつくる
イメージをつくる
ブランドをつくる

発行日　2025年3月17日　初版第一刷発行

著　者　工藤《くどう》青石《あおし》

発行人　東彦弥

発行元　株式会社宣伝会議
〒107-8550　東京都港区南青山3-13-11
TEL　03-3475-3010（代表）
https://www.sendenkaigi.com

装　丁　加藤雄一

編集協力　杉瀬由希

印刷・製本　シナノ書籍印刷

ISBN 978-4-88335-621-8　